U0699748

品味数学教与研

数学是一门语言,提高高中生数学学习能力
从提高学生数学阅读能力做起

彭传志◎著

光明日报出版社

图书在版编目（CIP）数据

品味数学教与研 / 彭传志著． --北京：光明日报出版社，2014.9（2021.8 重印）

ISBN 978-7-5112-7317-8

Ⅰ.①品… Ⅱ.①彭… Ⅲ.①中学数学课—教学研究—高中 Ⅳ.①G633.602

中国版本图书馆 CIP 数据核字（2014）第 224213 号

品味数学教与研

PINWEI SHUXUE JIAO YU YAN

著　　者：彭传志	
责任编辑：陈　娜	责任校对：张明明
封面设计：范晓辉	责任印制：曹　诤

出版发行：光明日报出版社
地　　址：北京市西城区永安路 106 号，100050
电　　话：010-63169890（咨询），010-63131930（邮购）
传　　真：010-63131930
网　　址：http://book.gmw.cn
E - mail：gmcbs@gmw.cn
法律顾问：北京德恒律师事务所龚柳方律师
印　　刷：三河市华东印刷有限公司
装　　订：三河市华东印刷有限公司
本书如有破损、缺页、装订错误，请与本社联系调换
开　　本：170mm×240mm
字　　数：208 千字　　　　　印　张：14.5
版　　次：2014 年 9 月第 1 版　印　次：2021 年 8 月第 2 次印刷
书　　号：ISBN 978-7-5112-7317-8
定　　价：49.00 元

版权所有　　翻印必究

前　言

　　数学不只是符号、图形的重复呈现，也不只是定理、公式的复杂关联。数学拥有一套最简洁的符号语言，它用最简洁的方式揭示自然的客观规律，构建数学的大厦。自古以来，就有无数的数学人为之痴迷，著名数学家陈省身说："数学好玩"。

　　我国中学的数学教育在世界上是领先的，但还是有大部分中学生对数学学习痛并快乐着，快乐是因为数学好玩，痛是因为没有完全感到数学好玩，还在为数学中的符号、图形、定理、公式困扰。作为数学教师，我们一直努力帮助学生走出困境，帮助学生感悟数学的魅力，体会到数学好玩。现实中数学教师一直在以备课、上课、批改作业为主要的工作方式，甚至是生活方式，有的教师都感到数学教学工作繁重而枯燥，怎么让学生体会好玩？改变这一状态，首先应是教师感到教学工作有趣。我从一名高中数学教师成长为一名数学教研员，深刻的感到数学教师的工作方式还应该有反思教学过程，审视学生行为，观摩同行讲课，研究并交流教学中出现的问题、困惑、发现与感悟。从数学活动的现实出发，总结和分析教学经验，探讨和运用教学规律，改变观念、改善教学行为、优化教学活动等等。那么所有这些事情综合起来，也就是我们说的教学研究。从教学研究的高度看待我们的工作，数学教师会感到工作的有趣。

我在从数学教师到数学教研员的工作经历中，对高中数学教学和教研有一些点滴积累，由于得到领导的鼓励和同事的帮助，想将这些积累汇编成册，分为教学篇和教研篇，提供一点教学的经验和教研的心得体会，如果能对数学教师在教学研究中提供些许帮助，将是我的不胜荣幸。

目 录
CONTENTS

第一篇　教学篇 ……………………………………………………… 1
　浅谈数学教学中阅读能力培养　3
　数学课堂用"问题"促进学生学会学习　11
　谈初高中衔接数学能力培养　15
　谈数学学习要养成的好习惯　19
　加强高一学生对函数定义域的理解　25
　运用均值不等式解题需要注意的三个问题　30
　求轨迹方程的基本方法　39
　浅谈导数的几点应用　44
　向量教学后的一点思考　50
　在解析几何解题中巧用平面几何知识　57
　一道考题引发的教学思考　63
　浅谈高中数学作业组织与设计　68
　为高三学生梳理数学知识迎接高考　73

第二篇　教研篇　81

教研员工作的理解与思考　83
提高高三数学备考的实效性　89
在教研中成长　在教研中提升　93
研读《高考试题分析》　97
图形计算器与我区数学教学　125
例谈高中数学考试及其命题技术　136
区域教研促进教师专业成长　172
青年数学教师成长的一些因素和做法　177
谈数学课堂教学的"舍"与"得"　189
新课程标准下的教师听课与评课　196
教研员怎样听评课　207
教研员要成为教师教研路上的朋友　217

参考书目　222

后　记　223

第一篇 **01**

| 教学篇 |

1992~2009年我一直在怀柔二中从事高中数学的教学工作，期中共带八届高三毕业班教学工作，会考、高考教学成绩优异，高考数学成绩多次超市平均，教学中积累了一些经验。本篇根据自己的教学工作经历，在高中数学教学实践中，谈谈教师要注意的一些问题和方法，如：数学是一门语言，提高高中生数学学习能力，从提高学生数学阅读能力做起。高一新生对数学学习不适应，要做好初高中衔接数学能力的培养，帮助学生养成良好的数学学习习惯。教师在教学过程中要注意作业的组织与设计，做好分层教学。对高中数学中的重点和难点教学，如不等式问题、导数问题、定义域问题、向量问题、轨迹问题，解析几何问题做一些方法上的总结。希望自己的点滴积累能和同仁们分享，并从中得到一点启发。

浅谈数学教学中阅读能力培养

一、数学阅读能力是学习数学的基本能力要求

科学技术的迅速发展,特别是信息时代的到来,要求人们具有更高的数学修养。我国在新颁布的全日制普通高级中学数学大纲中写明"随着社会的发展,数学应用越来越广泛,它已经成为人们参加社会生活、从事生产劳动的需要。它是学习和研究现代科学技术的基础;它在培养和提高思维能力方面发挥着特有的作用;它的内容、思想、方法和语言已成为现代文化的重要组成部分。"

数学作为一种交流形式,它是自然语言的补充,所以数学不仅是一门科学,而且数学也是一种语言。生活中需要越来越多的数学语言,各种统计图表、数学符号向各行各业普通老百姓传递着大量信息,数学语言是每个人都必须学习、使用的语言。

语言的学习是离不开阅读的。数学阅读不同于一般地阅读,它是以语文中的阅读为基础,包括语言符号(文字、数学符号、术语、公式图表等)的感知和认读、新概念的同化和顺应、阅读材料的理解和记忆等各种心理活动因素,同时也是一个不断假设、证明、想象、推理的积极能动的认知过程。很多读过名著的人,再看以名著为题材的影视剧,总会感到有些不尽如人意的地方,失去了读时的味道,这并非眼光太过挑剔,而是因为阅读更能给人以想象的空间。在学习上失去想象力是可怕的,那么在教学中就不能没有阅读能力的培养。

教学是一种"教"与"学"的双边活动。同时又要求突出学生的主体作用，要把培养学生的创新意识和实践能力作为基础目标，鼓励学生独立思考，增强数学的意识，逐步学会用已有的数学知识去探索新的数学问题，学会将实际问题抽象为数学问题，并加以解决。做到这些，要求学生能有效地进行数学交流，能够自主学习，这正是以阅读理解为基础。在教学中，教师加强对学生阅读能力的培养，不仅利于教师的"教"，更有利于学生的"学"，为培养发展学生自学能力和创新意识打下基础。

二、学生在学习中应掌握阅读方法，提高阅读技能。

人有视、听、味、嗅、触等多种感觉器官，可以在直接经验中接受各种各样的信息，但由于个人活动范围局限，经历事情有限，要获得丰富的知识，还必须通过听、读接受别人经历过的间接信息。阅读是间接、高效地获取信息的主要方式，只有依靠阅读，人们才能在短时间内获得高质量的丰富知识。阅读能力在很大程度上决定了学习的质和量，影响一个人的认知水平。数学书籍富有逻辑性，更加抽象和难读，读数学书需要更强的阅读能力。

阅读有浏览、粗读和精读几种方式，而数学阅读需要的是"慢嚼吃透"的精读方式，宋代大学问家朱熹说："读书之法，读一遍，又思量一遍；思量一遍，又读一遍。"就是要在思量中加深对读物的理解。华罗庚先生提倡读书要"由薄到厚"、"由厚到薄"也体现了数学阅读的3个阶段。

（1）概读阶段

概读就是在学习开始时把学习内容概略的读一读。概读有利于统揽学习材料，有助于后续学习中的理解和概括。不同时期概读的基本要求也有所不同，对一本书要知道全书分成几个大的知识单元，每个大单元的主要内容是什么，学习每个知识单元时，要略读一个大单元分成几章，每章要解决什么问题，学习新的一章则看它分成几节，学习几个概念，几个规律，解决什么问题。知道了知识的概要，对书的初步感觉就是"薄"。

（2）细读阶段

细读是读书的主要阶段，主要指对每一节教材的阅读，在略读基础上进行细读，要静下心来，细细地一句一句地读，重要语句，重要符号表示，看不明白的段落要反反复复读，可以采用勾画重点、难点、关键词词语，写一些批注、理解来帮助自己把书"吃透"，细读时要勤于思考，有思考，理解才能深入下去，要特别注意联想中的反例，那往往是理解难点的关键，或者将把你引向发现，可以把类似内容加以比较，问其异同，把认识引向深入，有时可能所读的观点、思路与自己的认识和思路有距离、有矛盾、想不通，对书提出质疑，这更会加深对知识的理解。在细读过程中，联系到的内容越来越多，书就渐渐变"厚"了。

（3）复读阶段

复读是指复习阅读，在数学阅读中是必不可少的。首先复读可以帮助学生巩固记忆，生疏了的重要知识要多花一点时间唤起记忆，疑难的地方则要下功夫弄通弄懂，可以通过课本上的勾画和笔记重温和体验知识的重点、难点和关键，通过某些典型的例题，自己原来易于出错的习题上总结经验，灵活运用。

复读绝不是简单的重复，复读的重要作用在于激活各部分知识，在此基础上引起对知识的归纳和升华。如果说细读是钻进去理解知识，那么复读就是从部分知识中跳出来，从高处回看知识整体，在复读中理清知识间的逻辑关系，使知识条理化。

教学中的某些知识结构核心内容，不是别人告诉就能理解的，它需要领悟发现基本内容并理解基本内容和一般内容之间的关系，这就是所谓的"基本"，经过反复阅读后，掌握了书本知识的结构，领悟到知识中的基本，熟练了运用知识的技能，也就感觉到书变得越来越薄。

三、教学中指导学生阅读应注意的几个问题：

数学教材是学习数学基础知识，形成基本技能的"蓝本"。

指导学生阅读教材是培养阅读能力的重要手段。教材是根据教学大纲的要求编写而成的，是教与学的依据，不仅所选例题具有典型性与可读性，起着书写示范的作用，而且数学定义、定理、法则、公式的叙述都是学生学习过程中必须掌握的内容，教材本身的严谨性又使得指导阅读更具意义，因此培养阅读能力，必须指导学生阅读教材，充分发挥教材的作用，将之作为学生学习材料的来源而不仅仅是教师讲课的材料来源。

（1）步骤安排得当，循序渐进

教学中应根据教材做好指导学生阅读的工作。实践中，首先应培养学生预习的习惯，预习可以提高学生听课的效率，对培养阅读能力有潜移默化的作用。而学生对要预习的知识章节是陌生且未知的，不知道重点、难点在何处，因此需要教师给出一定的预习提纲做好准备工作。

学生带着问题去学习一课时，有目标，有目的，使得预习不盲目，而且增加了大部分学生解决问题的求知欲。预习提纲中有些问题本身可以浅显，大部分学生都会找到它的结论。也可以使问题灵活，给学生以空间，使每个同学都尽可能去通过阅读来得到一些自己的感想。

课堂中，教师可通过提问来检查预习效果如何，组织学生讨论来进一步地进行阅读指导。提问时，如果学生能用自己的语言进行直接叙述，说明对该问题已基本理解，而某些只能依靠教材朗读的同学在理解上还存在问题，教师可以和学生共同复习教材，边提问，边示范阅读解答问题。同时向学生说明预习后应该达到的程度，达到预习的真正目的。

教科书的语言通常是文字、符号、图表交融，严谨性强。数学阅读重在领会，将符号形式或图表表示转化为言语形式，以及将言语形式转化为数学符号或图表，正是数学阅读有别于其他阅读的主要方面。

阅读时充分注意对符号，图表的理解与认识。函数单调性定义中 x_1，x_2 是自变量的值，$f(x_1)$，$f(x_2)$ 是它们所对应的函数值。分析清楚定义是通过自变量 $x_1 < x_2$，得到函数值 $f(x_1)$，$f(x_2)$ 的大小变化，说明函数值的变化趋势。函数值的变化又可以通地对图像的升高、降低来观察，使问题更加直观。

阅读时对某些学生不能自己全面领会"弦外之音"的关键词要重点指导。"一般地，对于给定区间上的函数 $f(x)$"这句话在定义中有无作用？来引导学生讨论。（有说没用，是没有理解出它的作用，有说有用，可能是为了定义更完整，认识也较为肤浅。）教师可引导学生注意"区间"在定义中出现的次数，在文中相呼应，因此首先是"给定区间"，才有增（减）函数对函数，对理解单调区间这一概念也起了决定作用，完成了重点的突破。

在例题的阅读上，大部分同学能得到一种结论：要证函数在某区间上单调性，需从 $x_1<x_2$，得到 $f(x_1)<(>)=f(x_2)$，这是应用定义，实际上是对定义模式的套用。教师在指导学习阅读时应启发提问，"x_1、x_2 从何处来？""为什么 $x_1<x_2$？""怎么比较 $f(x_1)$、$f(x_2)$ 的大小？"这些问题指导清楚，学生对用定义证明单调性方可得心应手。

在指导阅读的过程中，预习可使用一些基本问题，课堂指导中，教师要抓住细节，做一定的示范，要求学生运用思考来解决问题，学会思维，通过对阅读内容的深加工来理解内容的内涵。课后保证学生有充足的阅读教材的时间，在回味中进一步理解。

（2）指导学生要有针对性，领会教材的深刻性。

数学教材的编写具有较强的严谨性，每个句子，每个名词术语、每个图表都应细致阅读分析、领会其内容、含义。这些特点决定了阅读中必须勤思多想。

学生是否会"精读"，是否能发现问题。通过思考理解问题，教师在指导学生阅读中需要加以关注，教学本身的特点决定数学阅读须"精读"，教师应引导或向学生示范从何处思考，深挖教材的思维因素，教会学生找问题来突破重点、难点或关键之处。

例如函数奇偶性一节（代数上册 P.541.10），"一般地，对于函数 $f(x)$：如果对于函数定义域内任意一个 x，都有 $f(-x)=-f(x)$，那么函数 $f(x)$ 就叫作奇函数；如果对于函数定义域内任意一个 x，都有 $f(-x)=f(x)$，那么 $f(x)$ 就叫作偶函数。"

学生对这一概念的阅读学习似乎问题不大,教师可通过阅读过程中设置问题帮助学生深挖教材的内涵。

"定义中任意一词如何理解?"

"x 与 $-x$ 有何关系?"

"x 在定义域内,$-x$ 是否也在定义域内?"

学生对这些问题进行思考、理解,就不难总结出定义域关于原点对称,是函数是奇函数或偶函数的必要条件了。对于所总结出的结论,教师再继续启发学生找它的逆否命题:定义域不关于原点对称的函数不是奇函数,也不是偶函数。这对于判断函数奇偶性问题,可先考察其定义域区间是否关于原点对称。如 $y=x_2 x \in 〔-3,8〕$ 既不是奇函数也不是偶函数,学生就易于理解了。

在数学教学中,教师往往有"只好意会不好言传"的感觉。而学生也往往学习教师的"言传"而没有深层的思维活动。教师应善于把思维活动的方法作为深层教学目标,指导学生的阅读,使学生亲自体验问题思考与解决的过程,学生就能在不断发展认知结构的同时,逐步学会思考方法,发展思维能力。

(3) 师生交流是阅读教学中的重要组成。

指导学生阅读,首先要了解学生自己阅读后的效果如何,这须从学生回答教师提问中反馈。组织学生对问题逐一讨论,不仅可以帮助学生理解、掌握好有关内容,而且提问题本身也是在向学生示范如何阅读教材。

教师向学生提问,为了帮助学生完成学习任务,实现教学目的,同样在学生讨论问题后也应留有时间,由学生向教师提问。

教师让学生带有问题去阅读,还应要求学生将预习中遇到的问题及与材料中不同看法记录下来。(阅读做笔记是数学阅读学习中的一个重要方法),在课堂上,教师通过提问和组织学生讨论,大部分学生所遇到的问题便迎刃而解了,可是由于学生阅读水平和学生个体差异,还会有一些学生有着或多或少,这样那样的问题,因此教师必须留有时间来解答这些学生的疑问。而教师在答疑过程中一定要耐心、具体。能使学生释然。有的学生所提问题可能很小，也没有代表性，但同样需给予完整详细的解释。这不仅是解答问题，同样也是给学生以展示的机会，更主要是增强学生"做数学"的信心和勇气。从而做好师生间的交流，实现教学这种双边活动。

师生交流的正常有序，首先对教师提出了更高的要求。要求教师要精心备课，备课时要花更多的时间去钻研教材，设计问题，在重点难点处下功夫，在关键之外做文章。做到引导有方，提问得当。还需要知识全面，思维敏捷，对学生提出的问题能"随机应变"。学生提出具有典型性的问题能够"当机立断"，"彻底剖析"，直接服务于教学目的，又可发出警示，防患于未然。

师生交流和谐，还需要教师具有一定的组织能力，为学生创造出参与的环境，创设好的问题情境，力求激起学生参与的热情，这是为学生所创造的认知环境。教师同时还要调动学生的积极性，创造出一种使学生积极主动发表个人见解的宽松的课堂气氛。学生能够敞开心扉、自由地、热烈地进行讨论，交流思想。通过自己的思维活动，发现问题，解决问题，从而进行学习活动。

（4）激发学生兴趣，鼓励学生持之以恒。

指导学生阅读教材的过程中，求胜之心不可太切。应以鼓励、表扬为主。学生的点滴进步都应加以肯定，予以鼓励。学生在阅读学习过程中都会有一些经验、教训，适时组织学生交流，使同学间能取长补短，集思广益，也是激发学生阅读兴趣的一种手段。兴趣是最好的老师，因此通过某阶段的学习，在学生感到通过阅读自己学会了一些东西，自己自学能力有所提高时，适时地向学生推荐有关数学参考书，来丰富知识、开阔视野。最好还能向学生做出一些阅读示范，进一步培养学生的自学能力，使阅读的训练和指导贯穿于整个学习活动，天长日久，定会取得事半功倍的效果。

指导学生阅读，培养学生阅读能力，不是一朝一夕的事情。有些教师对阅读能力的培养重视不够，指导学生阅读仅表现在审题训练上，这是片面的。虽然数学课堂不单纯是阅读、提问、解答这种简单的模式,但从发展能力,提高学生素质上讲,"讲读练"相结合的教学方式,"读"是万万不能丢、不能少的。学生不会阅读,或者不具有一定的阅读能力,就谈不上发展思维,解决问题。教师不注重阅读能力培养,而又一味地向学生强调要会分析,要会审题,临时报佛脚,学生在解题时马上会暴露出这样那样的不足。只有通过培养学生数学阅读能力,学生的数学语言水平不断提高,能够进行较快的思维转换,学生的能力才会真正提高起来。

教师要教会学生方法,给学生以能力,通过指导学习阅读,提高学生的阅读能力,学生才可能会思维。自己会学习,将是一生受用的。实现"教是为了不教"这需要广大教师在不断的摸索中共同努力!

数学课堂用"问题"促进学生学会学习

高中的数学教学以常规的课堂教学为主，新课程理念下，教师可以使用多种教学方式，帮助和引到学生学习，在学习过程中帮助和指导学生学会学习。就现行的教材来讲，大部分数学教师都认为高中新课程教材深入浅出，循序渐进，适合学生的学习和阅读，然而在现实的教学中，大部分同学的学习状况并非十分轻松。因为教师是从已经掌握知识的基础上看教材，这和新知识的学习者角度学习教材有很大的区别。

将教材中的以"定论"形式的材料转化为同学理解和掌握的知识，又做到不仅仅是展示和传授，课堂教学中，教师将教学内容分解为一些有价值的问题与同学们一起探究学习，用问题串起课堂教学，使学生成为学习的主人，促进学生学会学习是十分有效的。

一、课堂教学中的数学问题的理解

问题是认知领域的一个范畴。问题是指某个给定过程，对象认识的当前状态与智能主体（包括人与机器）所要求的目标状态之间差距或矛盾的主观反映。问题的本质是认识主体从未知到已知的过渡形式或中介环节，是已知与未知的统一体。中学数学课堂中的问题就是学生的疑惑，从未知到已知之间的一种联系认识不清。也可以说学生的问题的实质就是学生的需要。

现代教育强调"知识结构"与"学习过程"，目的在于发展学生的思维能力，而把知识作为思维过程的材料和媒介。只有把掌握知识、技能作为中介来发展学生的思维品质才符合素质教育的基本要求。

我们学习的数学是由概念、定义、定理、公式、公理、定理等组成的知识系统，数学知识体系展开的基本形式是不断地提出数学问题，并在相继地解决问题的过程中逐步建构起来和精心组织起来的。

在问题中使学生体验新知识的产生过程，随着问题的不断解决，新的问题也将不断地产生。在"柳暗花明又一村"的惊喜中，不断的激发学生的求知欲，学生在学会知识的过程中学会思维。数学知识可能在将来会遗忘，但思维品质的培养会影响学生的一生，思维品质的培养是数学教育的价值得以实现的理想途径。

二、新课程理念需要问题带动课堂教学

新课程理念下，学生是学习的主体。要努力使学生成为学习的主人。"带领学生走进知识"，也就是在教学中，要充分发挥学生的主体作用，教会学生学会学习，要授人以渔。教师要认识到学习是学生自己的事，教师不能包办代替。要让学生体验获得知识的过程，而不是告知学生现成的结论。

课堂教学在实施新课程中就是要改进教师的教学方式，促进学生积极主动的学习，提高课堂的时效性，是教师组织和引导学生进行有效学习的过程，是师生互动、生生互动共同实现具体发展目标的过程

教学中，教师要关注和研究学生是怎样思考的，对学生的思维特点了解越多，教学就越有针对性。如何关注学生的思考？关注课堂中问题的提出和解决是非常必要的。

三、教学过程的探索性需要问题带动课堂教学

在传统教学中，人们往往只重视结论，而忽视结论的形成过程。学生在学习中，知其然，不知其所以然的现象普遍存在，致使在教学中形成了学生死记硬背，喜欢套用公式、例题机械模仿地解决问题，使学生的创新

能力和实践能力受到限制，解决问题的灵活性欠佳。

新课程的教学过程中，要给学生创设更多的探索学习的机会，要找准让学生探索学习的切入点，不失时机地让学生进行探索。使学生在探索中学会猜想，在探索中学会验证，在探索中学会推理，在探索中学会归纳、整理，在探索中学会求新求异。同时，我们要把探索性学习贯穿于教学活动的始终，使探索性学习成为现代课堂教学的显著特征。

探索性问题要求学生以已有的知识和经验为基础，从不同角度、沿不同方向、在各种不同层次上进行分析和思考，多触角、全方位地寻求与探索问题的解决方案和途径。在探索性问题中，常常含有学生尚未学过的某些方面的知识。在数学规律还不明确的情况下，面对新信息问题也可能是没有答案的，只要求学生能够创造性地做出某些猜测和假设，或获得与之对应的处理方法，这将能够有效地培养学生创造性的思考、发现问题、寻求答案的探索精神，使学生的创造性思维在问题的发现和解决之中得到提高和发展。

四、课堂教学中数学问题要注意的几个方面

课堂教学是一个"准备—实施—目标达成"的完整过程，教学中让学生积极主动的参与到学习活动中，问题是贯穿整个教学的关键，教师要为学生提供发现问题和运用知识解决问题的机会和条件，要充分挖掘教材在培养与训练创新能力方面的内在因素，设计恰当的数学问题。好的问题给出会极大地调动学生学习的积极性，推动学生在课堂上的参与度，让学生处于知识的探究和形成的过程中，所以教学中的问题设计尤其重要。

那么首先要搞清楚什么是好的问题？怎样才能设计出好的问题？

1. 好的问题首先有针对性。问题的设计不是追求华丽，但要有实际意义。在新课程教材中，每一章的章头语，都为学生学习进行了情境创设，以问题引发学生的学习为目的。学生既可以对本章的学习有一个整体把握，又会对本章用到的知识或遇到的问题产生思考。在教学过程中的问题，教师要注意既和学生所要进行的知识息息相关，又要有适当的难度，

使学生必须通过一定的努力才能解决，即"跳一跳够得到"，那么才能在课堂教学中真正以问题展开，循序渐进，呈现知识产生的过程。

2. 好的问题要贴近学生的发展。问题的提出不能太笼统，也不能太难，要有梯度。要符合学生的认知水平，要考虑到学生的知识储备情况。要在教和学两方面均富有探索性，学生在探索过程中才能兴趣盎然，富有激情，能激发学生的好奇心和创造欲望，使学生在问题解决的过程中体会到创新的成就感。

在提出问题时，由于一个问题对某些学生来说可能很简单，但对其他人则不一定，因此不能催促学生回答，应该把握节奏，留给学生足够的思维空间，使所有的学生都学会思考。

用怎样的问题组成课堂的教学内容，在教学实践中也常常困惑着教师。教师可以搜集并筛选符合课标、教材、教学目标要求的问题，组合成问题块形成课堂教学内容，还可以通过批改作业或试卷发现的学生的问题，或者是凭借经验和敏锐的观察发现的学生的问题。随着课堂教学的不断培养和师生的共同探究，问题也可以由学生主动提出。课堂上学生自主思考、合作分析都可能产生新的问题。学生提出问题，就会成为教学后续行为的点火器，为后续学习打开了大门。

课堂教学中不论是教师设计的问题，还是学生自主的提出问题，都需要师生共同探究，在不断的交流与合作中，把发现和探究的思维过程展现出来，学生就会获得良好的学习体验和情感体验。才能拓展学生思维的空间，促进学生学会学习。

谈初高中衔接数学能力培养

有人这样形容数学:"思维的体操,智慧的火花"。在当今知识经济时代,数学正在从幕后走向台前,它与计算机技术的结合在许多方面直接为社会创造价值,推动了社会生产力的发展。数学是人类文化的重要组成部分,已成为公民所必须具备的一种基本素质。数学在形成人类理性思维的过程中发挥着独特的、不可替代的作用。作为衡量一个人能力的重要学科,从小学到高中绝大多数同学对它情有独钟,投入了大量的时间与精力,然而并非人人都是成功者,许多小学、初中数学学科成绩的佼佼者,进入高中阶段,第一个跟头就栽在数学上。这种"惧怕"高中数学的现象目前是比较普遍的,应当引起重视。当然造成这种现象的原因是多方面的,本文仅就从学生的学习状态方面浅谈如下:

面对众多初中学习的成功者沦为高中学习的失败者,笔者对他们的学习状态进行了研究、调查表明,造成成绩滑坡的主要原因有以下几个方面。

1. 被动学习。许多同学进入高中后,还像初中那样,有很强的依赖心理,跟随老师惯性运转,没有掌握学习主动权,表现在不定计划,坐等上课,课前没有预习,对老师要上课的内容不了解,上课忙于记笔记,没听到"门道",没有真正理解所学内容。

2. 学不得法,老师上课一般都要讲清知识的来龙去脉,剖析概念的内涵,分析重点难点,突出思想方法。而一部分同学上课没能专心听课,对要点没听到或听不全，笔记记了一大本，问题也有一大堆，课后又不能及时巩固、总结、寻找知识间的联系，只是赶做作业，乱套题型，对概念、法则、公式、定理一知半解，机械模仿，死记硬背；也有的晚上加班加点，白天无精打采，或是上课根本不听，自己另搞一套，结果是事倍功半，收效甚微。

3. 不重视基础。一些"自我感觉良好"的同学，常轻视基本知识、基本技能和基本方法的学习与训练，经常是知道怎么做就算了，而不去认真演算书写，但对难题很感兴趣，以显示自己的"水平"，好高骛远，重"量"轻"质"，陷入题海，到正规作业或考试中不是演算出错就是中途"卡壳"。

4. 进一步学习条件不具备。高中数学与初中数学相比，知识的深度、广度、能力要求都是一次飞跃。这就要求必须掌握基础知识与技能为进一步学习作好准备。高中数学很多地方难度大、方法新、分析能力要求高，如二次函数在闭区间上的最值问题，函数值域的求法，实根分布与参变量方程，三角公式的变形与灵活运用，空间概念的形成，排列组合应用题及实际应用问题等。客观上这些观点就是分化点，有的内容还是高初中教材都不讲的脱节内容，如不采取补救措施，查缺补漏，分化就不可避免。

高中学生仅仅想学是不够的，还必须"会学"，要讲究科学的学习方法，提高学习效率，才能变被动为主动。针对学生学习中出现的上述情况，教师应当采取以加强学法指导为主，化解分化点为辅的对策：

1. 加强学法指导，培养良好学习习惯。良好的学习习惯包括制定计划、课前自学、专心上课、及时复习、独立作业、解决疑难、系统小结和课外学习几个方面。

制定计划使学习目的明确，时间安排合理，不慌不忙，稳扎稳打，它是推动学生主动学习和克服困难的内在动力，但计划一定要切实可行，既有长远打算，又有短期安排，执行过程中严格要求自己，磨炼学习意志。

课前自学是学生上好新课，取得较好学习效果的基础。课前自学不仅能培养自学能力，而且能提高学习新课的兴趣，掌握学习主动权。自学不能搞走过场，要讲究质量，力争在课前把教材弄懂，上课着重听老师讲课的思路，把握重点，突破难点，尽可能把问题解决在课堂上。

上课是理解和掌握基本知识、基本技能和基本方法的关键环节。"学然后知不足"，课前自学过的同学上课更能专心听课，他们知道什么地方该详，什么地方可略；什么地方该精雕细刻，什么地方可以一带而过，该记的地方才记下来，而不是全抄全录，顾此失彼。

及时复习是高效率学习的重要一环，通过反复阅读教材，多方查阅有关资料，强化对基本概念知识体系的理解与记忆，将所学的新知识与有关旧知识联系起来，进行分析比较，一边复习一边将复习成果整理在笔记上，使对所学的新知识由"懂"到"会"。

独立作业是学生通过自己的独立思考，灵活地分析问题、解决问题，进一步加深对所学新知识的理解和对新技能的掌握过程。这一过程是对学生意志毅力的考验，通过运用使学生对所学知识由"会"到"熟"。

解决疑难是指对独立完成作业过程中暴露出来对知识理解的错误，或由于思维受阻遗漏解答，通过点拨使思路畅通，补遗解答的过程。解决疑难一定要有锲而不舍的精神，做错的作业再做一遍，对错误的地方没弄清楚要反复思考，实在解决不了的要请教老师和同学，并要经常把易错的地方拿出来复习强化，作适当的重复性练习，把求老师问同学获得的东西消化变成自己的知识，长期坚持使对所学知识由"熟"到"活"。

系统小结是学生通过积极思考，达到全面系统深刻地掌握知识和发展认识能力的重要环节。小结要在系统复习的基础上以教材为依据，参照笔记与有关资料，通过分析、综合、类比、概括，揭示知识间的内在联系，以达到对所学知识融会贯通的目的．经常进行多层次小结，能对所学知识由"活"到"悟"。

课外学习包括阅读课外书籍与报刊，参加学科竞赛与讲座，走访高年级同学或老师交流学习心得等。课外学习是课内学习的补充和继续，它不仅能丰富学生的文化科学知识，加深和巩固课内所学的知识，而且能满足和发展他们的兴趣爱好，培养独立学习和工作能力，激发求知欲与学习热情。

2. 循序渐进，防止急躁

由于学生年龄较小，阅历有限，为数不少的高中学生容易急躁，有的同学贪多求快，囫囵吞枣，有的同学想靠几天"冲刺"一蹴而就，有的取得一点成绩便洋洋自得，遇到挫折又一蹶不振。针对这些情况，教师要让学生懂得学习是一个长期的巩固旧知识、发现新知识的积累过程，绝非一朝一夕可以完成，为什么高中要上三年而不是三天！许多优秀的同学能取得好成绩，其中一个重要原因是他们的基本功扎实，他们的阅读、书写、运算技能达到了自动化或半自动化的熟练程度。

3. 研究学科特点，寻找最佳学习方法

数学学科担负着培养学生运算能力、逻辑思维能力、空间想象能力，以及运用所学知识分析问题、解决问题的能力的重任。它的特点是具有高度的抽象性、逻辑性和广泛的适用性，对能力要求较高。学习数学一定要讲究"活"，只看书不做题不行，埋头做题不总结积累不行，对课本知识既要能钻进去，又要能跳出来，结合自身特点，寻找最佳学习方法。华罗庚先生倡导的"由薄到厚"和"由厚到薄"的学习过程就是这个道理。方法因人而异，但学习的四个环节（预习、上课、整理、作业）和一个步骤（复习总结）是少不了的。

4. 加强辅导，化解分化点

如前所述高中数学中易分化的地方多，这些地方一般都有方法新、难度大、灵活性强等特点。对易分化的地方教师应当采取多次反复，加强辅导，开辟专题讲座，指导阅读参考书等方法，将出现的错误提出来让学生议一议，充分展示他们的思维过程，通过变式练习，提高他们的鉴赏能力，以达到灵活掌握知识、运用知识的目的。

谈数学学习要养成的好习惯

1. 尊重与欣赏老师的习惯

亲其师,信其道。一个学生同时面对的各学科教师,长短不齐,在所难免。所以学生要学习好,除了我们老师努力提高能力水平,适应学生外,学生更要尊重老师,适应老师,并学会欣赏自己的老师。不同层次的老师,学生用不同的方式,眼睛向内、提高自我的方式去适应,与老师共同进步。从现在适应老师,长大了适应社会。不会稍不如意就埋怨环境。

2. 自学预习的习惯

自学是获取知识的主要途径。就学习过程而言,教师只是引路人,学生是学习的真正主体,学习中的大量问题,主要靠自己去解决。阅读是自学的一种主要形式,通过阅读教科书,可以独立领会知识,把握概念本质内涵,分析知识前后联系,反复推敲,理解教材,深化知识,形成能力。学习层次越高,自学的意义越重要,目前我国的高考为选拔有学习潜能的学生,对考生的自学能力有较高的要求。提前预习,是培养自主学习的精神和自学能力,提高听课效率的重要途径。提前预习教材,自主查找资料,研究新知识的要点重点,发现疑难,从而可以在课堂内重点解决,掌握听课的主动权,使听课具有针对性。

3. 专心上课的习惯

教与学应该同步,应该和谐,因此学生在课堂上要集中精神,专心听教师讲课,认真听同学发言,抓住重点、难点、疑点听,边认真听边积极思考。哪怕是你已经超前学过了，也还是要认真听，要把教师的思路、其他同学的思路与自己的思路进行对比分析，找出解决问题的最佳途径。并在这过程中，尽量多理解记忆一些东西。

4. 认真观察，积极思考的习惯

对客观事物的观察，是获取知识最基本的途径，也是认识客观事物的基本环节，因此，观察被称为学习的"门户"和打开智慧的"天窗"。每一位同学都应当学会观察，逐步养成观察意识，学会恰当的观察方法，养成良好的观察习惯，培养敏锐的观察能力。"观察"这两个字有两层意思，"观"是看的意思，"察"是想的意思，看了不想，不是真正的观察，对认识客观事物毫无意义。要做到观察和思考有机结合，要善于提出问题，要积极思考在学习过程中碰到的问题，积极思考教师和同学提出的问题，通过大脑进行信息加工，总结得出事物的一般规律和特征。我们观察事物，提出问题，思考问题，回答问题，一般要求达到：有根据、有条理、符合逻辑。孔子说："学而不思则罔，思而不学则殆。"罔即迷惘，殆即疑惑。孟子说："尽信书不如无书。"孟子所言之书，是专指《尚书》，今天可以理解为：对书本知识不可以全信，而应该批判地吸收。清代学者王夫之说："致知之途有二，曰学，曰思。"这都是在强调养成认真思考习惯的重要性。

5. 善于提问的习惯

我们要积极鼓励学生质疑问题，带着知识疑点问老师，问同学，问家长。学问、学问，学习就要开口问，不懂装懂最终害自己，提问是主动学习的表现，能提出问题的学生是学习能力最强的学生，是具有创新精神的学生。

6. 切磋琢磨的习惯

《学记》上讲"独学而无友，则孤陋而寡闻"，同学之间的学习交流和思想交流是十分重要的，遇到问题要互帮互学，展开讨论。每一个人都必须努力吸取别人的优点，弥补自己的不足，像蜜蜂似的，不断吸取群芳精华，经过反复加工，酿造知识精华。

7. 独立作业的习惯

作业是教学活动的重要组成部分和自然延续,是学生最基本,最经常的独立学习实践活动,也是反映学生学习情况的主要方式。做作业的同时也时一种学习和积累的过程。中学的作业一般包括两大部分,一是书面的,二是看书思考或实践操作的。做作业的目的是巩固所学的知识,是培养独立思考能力,不是为了交教师的差,或是应付家长。有的学生做作业的目的不明确,态度不端正,采取"拖、抄、代等",会做的马马虎虎,不会做的就不动笔;有的学生好高骛远,简单的是会而不对,复杂的对而不全,这些不良习惯严重的影响了学习效果。所以我们要重视做作业,在做习题时要认真思考,总结概念、原理的运用方法、解题的思路、并且尽量多记忆一些有用的中间结论。

8. 仔细审题的习惯

审题能力是学生多种能力的综合表现。要求学生仔细阅读材料内容,学会抓字眼,抓关键词,正确理解内容,对提示语、公式、法则、定律、图示等关键内容,更要认真推敲,反复琢磨,准确把握每个知识点上的内涵与外延。同时还要培养自己能从作业,考试中发现自己的错误,及时纠正的能力。

9. 练后反思的习惯

读书和学习过程中,尤其是复习备考过程中,每个同学都进行强度较大的练习,但做完题目并非大功告成,重要的在于将知识引申、扩展、深化,因此,反思是解题之后的重要环节。一般说来,习题做完之后,要从五个层次反思:第一,怎样做出来的?想解题采用的方法;第二,为什么这样做?想解题依据的原理;第三,为什么想到这种方法?想解题的思路;第四,有无其他方法?哪种方法更好?想多种途径,培养求异思维;第五,能否变通一下而变成另一习题?想一题多变,促使思维发散。当然,如果发生错解,更应进行反思:错解根源是什么?解答同类试题应注意哪些事项?如何克服常犯错误?"吃一堑,长一智",不断完善自己。

10. 复习归纳的习惯

复习就是消化知识，加深理解和记忆，达到举一反三。复习也就是通过对知识，对解决问题的思路进行提炼，进行归纳整理，使零碎的知识，分散的记忆得到一个串联，从而学生的知识系统化、条理化、重点化，避免前后知识的脱离与割裂。复习是有规律的，复习必须及时，否则超过了人的记忆极限点再去复习，将要多花几倍的时间，而且效果不好。因此必须有计划的不间断地复习。每天尽量把当天的东西都复习一遍，每周再做总结，一章学完后再总的复习一下。对记忆性知识的复习，每一遍的用时不需多，但是反复的遍数要多，以加深印象。每章每节的知识是分散的、孤立的，要想形成知识体系，课后必须有小结归纳。对所学知识进行概括，抓住应掌握的重点和关键。对比理解易混淆的概念。每学习一个专题，要把分散在各章中的知识点连成线、辅以面、结成网，使学到的知识系统化、规律化、结构化，这样运用起来才能联想畅通，思维活跃。

11. 整理错题集的习惯

平时要把有什么疑问或是弄错的地方随手拿张纸记下，经常看看，看会了、记住了才扔掉。有价值的就用专门的本子记下，并找些可以接受的类型题、同等程度的相关知识点研究一下它们的异同，解题的技巧和办法。

12. 客观评价的习惯

学生应养成正确对待自己和他人，正确对待成功与挫折，正确对待考试分数的好习惯。若学生能客观地评价自己和同学在学习活动中的表现，是一种健康心理的体现。只有客观地评价自己、评价他人，才能评出自信，评出不足，从而达到正视自我，不断反思，追求进步的目的，逐步形成辩证唯物主义认识观。

怎样养成良好的学习习惯

明确了养成良好的学习习惯的意义并了解哪些学习习惯是好习惯、哪些学习习惯是不良习惯以后，就应该自觉地培养好习惯，克服坏习惯，让好习惯伴随终生，让坏习惯尽快与你告别。要养成良好的学习习惯，可按下列步骤进行：

第一步：耐心发动，逐渐加速。

会开车的人都有这样的体验，天气冷时，车打着火后要过一会儿才能快速行驶，一打着火就快速行驶反而会灭火的。一个人培养习惯也是如此，要循序渐进。一开始先朝着理想目标动起来。一次行动的价值要超过一百句口号，一千次决心。一个学生，在前进的道路上，如果能说到做到，便很了不起。久而久之，便习惯成自然了。俗话说："有志者，立长志；无志者，常立志"。为何常立志？原因是：很想好好做，就是做不好。因此，要养成良好的学习习惯，第一步就要说到做到，坚定不移。计划每天要记10个英语单词，就一天不落地去记；认识到写字潦草、做题马虎这些毛病，就在写字、做题时严加注意，确保字字工整，题题复查；意识到了不良学习习惯的危害，就自动自觉地克服；制订了学习计划，就定时定量地去完成；决心使自己的学习成绩在全班、全校的位次前移，就要千方百计地挖掘自己学习的潜能。

第二步：控制时空，约束自己。

人的行为，很大程度上受情景因素的影响。比如，一个中小学生，已经认识到打游戏机的负作用了，不想再打游戏机了，可是，一走近游戏厅就忘乎所以了，就把握不住自己了。因此，在习惯形成的过程中，在自己的自制力还不十分强的情况下，应从控制自己的活动时间和活动空间入手来约束自己的行为。在时间上，从早上起床一直到晚上就寝，都安排满有意义的学习内容和活动内容，不让一日虚度，不让一时空耗。在空间上，严格控制自己的活动范围，歌厅、舞厅、游戏厅、录像厅、台球室等游乐场所，无论自己多么好奇，无论别人怎么引诱，也不要去。

第三步：偶有偏离，及时调整。

许多同学自制力比较差，在好习惯形成过程中，或者在坏习惯克服过程中，容易出现反复、拖拉、敷衍、放任等现象，容易出现跟着感觉走的现象。这就要求自己要严格监督自己，发现偶有偏离，立即做出调整。比如，发现自己的字写得不规整了，发现上课时自己精神溜号了，发现自己没有执行或没有完成学习计划了，发现自己躺着看书、看电视了，发现自己走路或骑自行车时思考问题了……立即做出调整。培养习惯，就像走路一样，发现走的路线不对，及时调整到对的轨道上去，久而久之，一条小路便踩出来了。

第四步：进入轨道，自由飞行。

按照良好学习习惯的要求去努力，先是慢慢启动，继而逐渐加速，在行进中不断调整，最后进入轨道。这就像卫星一样，一旦进入轨道，就再也不会走走停停了，就会沿着轨道不停地飞行。进入轨道以后，你就仿佛进入了自由王国，你再不必着意约束自己，而是顺其自然，你是在做惯性运动。这时你还需要注意两件事：一是要消除外部干扰，二是要排除内部故障。外部干扰主要是那些可能使你偏离甚至脱离轨道的引力，内部故障主要是受挫折时情绪不佳而放纵自己。对付外部干扰有一种有效的办法，就是改变环境，转移注意力。当你的生活圈内有人向你施加不良引力时，你可以寻找理由暂时跳出这个圈子，消除不良引力，努力去做自己应该做的事情。排除内部故障的有效途径也是转移注意力。当你的内部发生故障时，如产生忧郁、悔恨、愤懑、迷恋、惋惜、忧伤等情绪波动时，你可以通过做具体的事情来转移注意力。

有人说，儿童的心田是一块神奇的土地，播种了一种思想，便会有行为的收获，播种了行为，便会有习惯的收获，播种了习惯便会有品德的收获，播种了品德，便会有命运的收获。也有人说，行为养成习惯，习惯造就性格，性格决定命运。这些话似乎有些绝对，但良好的习惯对人生的确太重要了。习惯是一种惯量，也是一种能量的储蓄，养成良好学习习惯的人，要比那种没有养成良好习惯的人以及养成不良学习习惯的人具有较大的潜在能量。

加强高一学生对函数定义域的理解

函数作为高中数学的主线，贯穿于整个高中数学的始终。函数的定义域是构成函数的两大要素之一，函数的定义域（或变量的允许值范围）似乎是非常简单的，然而在解决问题中不加以注意，常常会使人误入歧途。在解函数题中强调定义域对解题结论的作用与影响，对提高学生的数学思维品质是十分有益的。

一、函数关系式与定义域

函数关系式包括定义域和对应法则，所以在求函数的关系式时必须要考虑所求函数关系式的定义域，否则所求函数关系式可能是错误的。如：

例1：某单位计划建筑一矩形围墙，现有材料可筑墙的总长度为100m，求矩形的面积S与矩形长x的函数关系式？

解：设矩形的长为x米，则宽为（50－x）米，由题意得：

$S = x(50-x)$

故函数关系式为：$S = x(50-x)$。

如果解题到此为止，则本题的函数关系式还欠完整，缺少自变量的范围。也就说学生的解题思路不够严密。因为当自变量取负数或不小于50的数时，S的值是负数，即矩形的面积为负数，这与实际问题相矛盾，所以还应补上自变量x的范围：$0 < x < 50$

即：函数关系式为：$S = x(50-x)$ $(0 < x < 50)$

这个例子说明，在用函数方法解决实际问题时，必须要注意到函数定义域的取值范围对实际问题的影响。若考虑不到这一点，就体现出学生思维缺乏严密性。若注意到定义域的变化，就说明学生的解题思维过程体现出较好思维的严密性。

二、函数最值与定义域

函数的最值是指函数在给定的定义域区间上能否取到最大（小）值的问题。如果不注意定义域，将会导致最值的错误。如：

例 2：求函数 $y = x^2 - 2x - 3$ 在 $[-2, 5]$ 上的最值．

解：∵ $y = x^2 - 2x - 3 = (x^2 - 2x + 1) - 4 = (x - 1)^2 - 4$

∴ 当 $x = 1$ 时，$y_{min} = -4$

初看结论，本题似乎没有最大值，只有最小值。产生这种错误的根源在于学生是按照求二次函数最值的思路，而没有注意到已知条件发生变化。这是思维呆板性的一种表现，也说明学生思维缺乏灵活性。

其实以上结论只是对二次函数 $y = ax^2 + bx + c$（$a > 0$）在 R 上适用，而在指定的定义域区间上，它的最值应分如下情况：

（1）当 $-\dfrac{b}{2a} < p$ 时，$y = f(x)$ 在 $[p, q]$ 上单调递增函数 $f(x)_{min} = f(p)$，$f(x)_{max} = f(q)$；

（2）当 $-\dfrac{b}{2a} > q$ 时，$y = f(x)$ 在 $[p, q]$ 上单调递减函数 $f(x)_{max} = f(p)$，$f(x)_{min} = f(q)$；

（3）当 $p \leq -\dfrac{b}{2a} \leq q$ 时，$y = f(x)$ 在 $[p, q]$ 上最值情况是：

$f(x)_{min} = f(-\dfrac{b}{2a}) = \dfrac{4ac - b^2}{4a}$，

$f(x)_{max} = \max\{f(p), f(q)\}$．即最大值是 $f(p)$，$f(q)$ 中最大的一个值。

故本题还要继续做下去：

∵ $-2 \leq 1 \leq 5$

$f(5) = 5^2 - 2 \times 5 - 3 = 12. \therefore f(-2) = (-2)^2 - 2 \times (-2) - 3 = -3$

$\therefore f(x)_{max} = \max\{f(-2), f(5)\} = f(5) = 12$

$\therefore$ 函数 $y = x^2 - 2x - 3$ 在 $[-2, 5]$ 上的最小值是 -4，最大值是 12。

这个例子说明，在函数定义域受到限制时，若能注意定义域的取值范围对函数最值的影响，并在解题过程中加以注意，便体现出学生思维的灵活性。

三、函数值域与定义域

函数的值域是该函数全体函数值的集合，当定义域和对应法则确定，函数值也随之而定。因此在求函数值域时，应注意函数定义域。如：

例3：求函数 $y = 4x - 5 + \sqrt{2x - 3}$ 的值域.

错解：令 $t = \sqrt{2x - 3}$，则 $2x = t^2 + 3$

$\therefore y = 2(t^2 + 3) - 5 + t = 2t^2 + t + 1 = 2(t + \frac{1}{4})^2 + \frac{7}{8} \geq \frac{7}{8}$

故所求的函数值域是 $[\frac{7}{8}, +\infty]$。

剖析：经换元后，应有 $t \geq 0$，而函数 $y = 2t^2 + t + 1$ 在 $[0, +\infty)$ 上是增函数，

所以当 $t = 0$ 时，$y_{min} = 1$。

故所求的函数值域是 $[1, +\infty)$。

以上例子说明，变量的允许值范围是何等的重要，若能发现变量隐含的取值范围，精细地检查解题思维的过程，就可以避免以上错误结果的产生。也就是说，学生若能在解好题目后，检验已经得到的结果，善于找出和改正自己的错误，善于精细地检查思维过程，便体现出良好的思维批判性。

四、函数单调性与定义域

函数单调性是指函数在给定的定义域区间上函数自变量增加时，函数

值随着增减的情况，所以讨论函数单调性必须在给定的定义域区间上进行。如：

例4：指出函数$f(x)=\log_2(x^2+2x)$的单调区间。

解：先求定义域：

$\because x^2+2x>0$ $\therefore x>0$或$x<-2$

$\therefore$函数定义域为$(-\infty, -2)\cup(0, +\infty)$。

令$u=x^2+2x$，知在$x\in(-\infty, -2)$上时，u为减函数，

在$x\in(0, +\infty)$上时，u为增函数。

又$\because f(x)=\log_2 u$在$[0, +\infty]$是增函数。

$\therefore$函数$f(x)=\log_2(x^2+2x)$在$[-\infty, -2]$上是减函数，在$(0, +\infty)$上是增函数。

即函数$f(x)=\log_2(x^2+2x)$的单调递增区间$(0, +\infty)$，单调递减区间是$(-\infty, -2)$。

如果在做题时，没有在定义域的两个区间上分别考虑函数的单调性，就说明学生对函数单调性的概念一知半解，没有理解，在做练习或作业时，只是对题型，套公式，而不去领会解题方法的实质，也说明学生的思维缺乏深刻性。

五、函数奇偶性与定义域

判断函数的奇偶性，应先考虑该函数的定义域区间是否关于坐标原点成中心对称，如果定义域区间是关于坐标原点不成中心对称，则函数就无奇偶性可谈。否则要用奇偶性定义加以判断。如：

例5：判断函数$y=x^3$，$x\in[-1, 3]$的奇偶性．

解：$\because 2\in[-1, 2]$而$2\notin[-1, 3]$

$\therefore$定义域区间$[-1, 3]$关于坐标原点不对称

$\therefore$函数$y=x^3$，$x\in[-1, 3]$是非奇非偶函数．

若学生像以上这样的过程解完这道题目，就很好地体现出学生解题思维的敏捷性

如果学生不注意函数定义域,那么判断函数的奇偶性得出如下错误结论:

∵ $f(-x) = (-x)^3 = -x^3 = -f(x)$

∴ 函数 $y = x^3$,$x \in [-1,3]$ 是奇函数。

错误剖析:因为以上做法是没有判断该函数的定义域区间是否关于原点成中心对称的前提下直接加以判断所造成,这是学生极易忽视的步骤,也是造成结论错误的原因。

综上所述,在求解函数关系式、最值(值域)、单调性、奇偶性等问题中,若能精细地检查思维过程,思辨函数定义域有无改变(指对定义域为 R 来说),对解题结果有无影响,就能提高学生质疑辨析能力,有利于培养学生的思维品质,从而不断提高学生思维能力,进而有利于培养学生思维的创造性。

运用均值不等式解题需要注意的三个问题

一、对三个条件的正确理解

这是运用均值不等式解题经常被忽略的问题。因此一定要记住三个条件的意义与适用范围。

1. "正数"

例1、求函数 $y = x + \dfrac{4}{x}$ 的值域。

误解：$\because x + \dfrac{4}{x} \geq 2\sqrt{x \times \dfrac{4}{x}} = 4$（仅当 $x = 2$ 时取等号），所以值域为 $[4, +\infty]$。

这里错误在于使用均值定理 $a + b \geq 2\sqrt{ab}$ 时忽略了条件：$a, b \in R^+$

正确解法：（1）当 $x > 0$ 时，$x + \dfrac{4}{x} \geq 2\sqrt{x \times \dfrac{4}{x}}$（当 $x = 2$ 时取等号）；

（2）当 $x < 0$ 时，$-x > 0$ 而 $(-x) + (-\dfrac{4}{x}) \geq 2\sqrt{(-x)(-\dfrac{4}{x})} = 4$（当 $x = -2$ 时取等号）$\therefore x + \dfrac{4}{x} \leq -4$ 所以函数的值域是 $\{y \mid \leq -4$ 或 $y \geq 4\}$。

2. "取等"

例2、设 $x \in R^+$，求函数 $y = 3x + \dfrac{1}{x^2}$ 的最小值。

误解：拿到很容易想到用均值定理，所以有

$\because x \in R^+$，$y = 2x + x + \dfrac{1}{x^2} \geq 3\sqrt[3]{2x \cdot x \cdot \dfrac{1}{x^2}} = 3\sqrt[3]{2} \therefore y_{min} = 3\sqrt[3]{2}$。

这里的错误是没有考虑等号成立的条件。显然要 $2x + x + \dfrac{1}{x^2}$，这样的不存在 x，故导致错误。此题用均值定理，需要拆项，同时要等号成立，需要配一个系数，

正确解法：$y = \dfrac{3x}{2} + \dfrac{3x}{2} + \dfrac{1}{x^2} \geq 3\sqrt[3]{\dfrac{3x}{2} \cdot \dfrac{3x}{2} \cdot \dfrac{1}{x^2}} = \dfrac{3}{2}\sqrt[3]{18}$（$\dfrac{3x}{2} = \dfrac{1}{x^2}$ 时取等号）。

所以。$x = \dfrac{\sqrt[3]{18}}{3}$，$y_{min} = \dfrac{\sqrt[3]{18}}{2}$

例3、设 a，b，x，$y \in R$，且有 $a^2 + b^2 = 3$，$x^2 + y^2 = 6$ 求 $ax + by$ 的最大值

误解：

$\because ax \leq \dfrac{a^2 + b^2}{2}, bx \leq \dfrac{x^2 + y^2}{2} \therefore ax + by \leq \dfrac{1}{2}(a^2 + b^2 + x^2 + y^2) = \dfrac{9}{2}$ ……（1）

所以 $ax + by$ 的最大值为 $\dfrac{9}{2}$。

这里（1）取等号的条件是仅当 $x = a$，$y = b$；由条件知这是不可能的，所以不可能取到上述的最大值。

正确解法：$\because a^2y^2 + b^2x^2 \geq 2aybx$，$\therefore$（$a^2 + b^2$）（$x^2 + y^2$）$\geq$（$ax + by$）^{2} 仅当 $ay = bx$ 时取等，所以 $ax + by \leq \sqrt{3 \times 6} = 3\sqrt{2}$ 仅当 $\begin{cases} ay = bx \\ a^2 + b^2 = 3 \\ x^2 + y^2 = 6 \end{cases}$ 时取等。。

如取 $a = b = \frac{\sqrt{6}}{2}$，$x = y = \sqrt{3}$，$(ax+by)_{max} = 3\sqrt{2}$

3."定值"

例4、已知 $x + 2y = 1$，$x, y \in R^+$，求 x^2y 的最大值。

误解：$x^2y \leq (\frac{x+x+y}{3})^3 = \frac{(2x+y)^3}{27}$（当 $x = y$ 时取等），又 $x + 2y = 1$，

$\therefore x = y = \frac{1}{3}$，时 $x^2y \leq \frac{1}{27}$。

以上过程只能说明当 $x = y = \frac{1}{3}$ 时 $x^2y = \frac{1}{27}$。但没有任何理由说明 $x^2y \leq \frac{1}{27}$ 这种似是而非的错误解法，关键在于运用重要不等式放缩后的式子不是定值，致使得不出正确的结果。

正确解法：

$\because x, y \in R^+, \therefore x^2y = \frac{1}{4} \cdot x \cdot x \cdot 4y \leq \frac{1}{4}(\frac{x+x+4y}{3})^3 = \frac{1}{4}(2 \times \frac{x+2y}{3})^3 = \frac{2}{27}$

所以仅当 $x = 4y$，而 $x + 2y = 1$，所以 $x = \frac{2}{3}$，$Y = \frac{1}{6}$ 时取等号，$\therefore x^2y$ 最大值为 $\frac{2}{27}$。

二、对目标表达式的适当调整

由于问题的复杂性，在实际解题时，有许多目标表达式不能直接应用均值不等式，需要对其结构做出适当的调整，而不同的表达式要用不同的方法来处理。

1. 拆项

例5、求函数 $y = 2x^2 + \frac{3}{x}$（$x > 0$）的最小值。

解：$y = 2x^2 + \dfrac{3}{2x} \geq 3\sqrt[3]{2x^2 \cdot \dfrac{3}{2x} \cdot \dfrac{3}{2x}} = \dfrac{3}{2}\sqrt[3]{36}$（$2x^2 = \dfrac{3}{2x}$ 时取等号），

所以仅当 $\dfrac{\sqrt{6}}{2}$，$y_{min} = \dfrac{3}{2}\sqrt[3]{36}$。

这里的目标表达式是二次式与反比例式的和，要求其和的最值，需要凑积为定值，因此拆 $\dfrac{3}{x}$ 为相同两项，同时使得含变量的因子 x 的次数和为零。

2. 裂项

例6、设 $x > -1$，求函数 $y = \dfrac{(x+5)(x+2)}{x+1}$ 的最小值。

解

$y = \dfrac{[(X+1)+4][(x+1)+1]}{x+1} = x+1 + \dfrac{4}{x+1} + 5 \geq 2\sqrt{(x+1)\dfrac{4}{x+1}} + 5 = 9$（$x+1 = \dfrac{4}{x+1}$ 取等）

先尽可能地让分子变量项和分母相同（常用于分子所含变量因子的次数比分母的含变量因子的次数大或相等时），然后裂项转化为求和的最值，进而凑积为定值。即使得含变量的因子 $x+1$ 的次数和为零，同时取到等号。

所以仅当 $x = 1$ 时，$y_{min} = 9$。

添项

例7、求函数 $y = 3x^2 + \dfrac{16}{2+x^2}$ 的最小值。

解

$y = 3(2+x^2) + \dfrac{16}{2+x^2} - 6 \geq 2\sqrt{3(2+x^2)\left(\dfrac{16}{2+x^2}\right)} = 8\sqrt{3} - 6$

$3(2+x^2) = \dfrac{16}{2+x^2}$ 取等

（求和的最值，尽可凑积为定值，因此添加6，再减法6，即使得含变

量的因子 $2+x^2$ 的次数和为零,同时取到等号)。

所以当 $x = \pm\sqrt{\dfrac{4}{3}\sqrt{3}-2}$,$y_{min} = 8\sqrt{3}-6$。

例8、若 $x>0$,$y>0$ 且 $\dfrac{1}{x}+\dfrac{9}{y}=1$,则 $x+y$ 的最小值。

解:

$$x+y=(x+y)\left(\dfrac{1}{x}+\dfrac{9}{y}\right)=1+9+\dfrac{y}{x}+\dfrac{9x}{y}\geq 10+2\sqrt{\dfrac{y}{x}\cdot\dfrac{9x}{y}}=16\left(\dfrac{y}{x}=\dfrac{9x}{y}\right)$$

(要求变量出现在分子,已知条件变量在分母,为此添上 1(即乘 1 即乘 $\dfrac{1}{x}+\dfrac{9}{y}$),变为求和的最值,因此凑积为定值,即使得含变量的因子 $\dfrac{y}{x}$ 的次数和为零,同时取到等号)

所以仅当 $\begin{cases}\dfrac{y}{x}=\dfrac{9x}{y}\\ \dfrac{1}{x}+\dfrac{9}{y}=1\end{cases}\Rightarrow\begin{cases}x=4\\ y=12\end{cases}$ 时 $x+y$ 的最小值为 16。

4. 放入根号内

例9、求函数 $y=x^2\sqrt{1-x^2}$ ($0<x<1$) 的最大值。

解

$$y=x^2\sqrt{1-x^2}=\sqrt{x^4(1-x^2)}=\sqrt{4\cdot\dfrac{x^2}{2}\cdot\dfrac{x^2}{2}(1-x^2)}$$

$$\leq\sqrt{4\left(\dfrac{\dfrac{x^2}{2}+\dfrac{x^2}{2}+1-x^2}{3}\right)^3}=\dfrac{2\sqrt{3}}{9}\text{(仅当 }\dfrac{x^2}{2}=1-x^2\text{ 时取等号)}$$

(把变量都放在同一条件下既根号里,求积的最值,凑和为定值,因此配变量次数相同且系数和为零,且取到等号)

因此仅当 $x=\dfrac{\sqrt{6}}{3}$,$y_{max}=\dfrac{2\sqrt{2}}{9}$。

例10、已知 $0 < x < 2$，求函数 $y = 6x(4-x^2)$ 的最大值。

解：

$\because 0 < x < 2, \therefore y > 0$

$\therefore y = \sqrt{36x^2(4-x)^2} = \sqrt{18 \cdot 2x \cdot (4-x)^2(4-x)^2}$

$x \in R^+, \leq \sqrt{18\left[\dfrac{2x^2+(4-x^2)+(4-x^2)}{2}\right]^3} = \dfrac{32\sqrt{3}}{2}$（$2x^2 = 4 - 4x^2$ 取等）

（求积的最值，凑和为定值，因此首先配变量 x 次数相同，故把变量放到根号内使次数升高，再配次数相同和系数和为零，且取到等号）

因此仅当 $x = \dfrac{2\sqrt{3}}{3}$，$y_{max} = \dfrac{32\sqrt{3}}{3}$

5. 分子变量常数化

例、11 设求函数 $y = \dfrac{3x^2}{x^3+4}$ 的最大值。

解：由题 $y = \dfrac{3x^2}{x^3+4} = \dfrac{3}{x+\dfrac{4}{x^2}} = \dfrac{3}{\dfrac{x}{2}+\dfrac{x}{2}+\dfrac{4}{x^2}}$

而 $x \in R^+$，$\therefore \dfrac{x}{2}+\dfrac{x}{2}+\dfrac{4}{x^2} \geq 3\sqrt[3]{\dfrac{x}{2} \cdot \dfrac{x}{2} \cdot \dfrac{4}{x^2}} = 3$（$\dfrac{x}{2} = \dfrac{4}{x^2}$ 取等号）

（分子变量因子次数比分母的大且变量因子不为零，可同时除以分子所含变量因子化为前面形式解），

所以仅当 $x = 2$，$y_{max} = 1$。

6. 取倒数

例12、已知 $x, y \in R^+$，$\dfrac{4}{x} + \dfrac{3}{y} = 1$，求 x^2y 的最小值。

解：

$\dfrac{1}{x^2y} = \dfrac{1}{12} \cdot \dfrac{2}{x} \cdot \dfrac{2}{x} \cdot \dfrac{3}{y} \leq \dfrac{1}{12}\left(\dfrac{\dfrac{2}{x}+\dfrac{2}{x}+\dfrac{3}{y}}{3}\right)^3 = \dfrac{1}{324}$（$\dfrac{2}{x} = \dfrac{3}{y}$ 时取等）

（已知变量出现在分母，所求为变量积且出现在分子，故取倒数再如前面

一样求解）

因此仅当 $\begin{cases}\dfrac{2}{x}=\dfrac{3}{y}\\ \dfrac{4}{x}+\dfrac{3}{y}\end{cases}\Rightarrow\begin{cases}x=6\\ y=9\end{cases}$，$(x^2y)_{max}=324$

三、实际应用

主要是依据题设，选取适当的变量，构造函数关系式，进而考虑应用均值不等式。

例13、如图，为处理含有某种杂质的污水，要制造一个底宽2米的无盖长方体的沉淀箱，污水从A孔流入，经沉淀后从B孔流出，设箱体的长度为a米，高度为b米，已知流出的水中该杂质的质量分数与a、b的乘积ab成反比。现有制箱材料60平方米，问a、b各为多少米时，经沉淀后流出的水中该杂质的质量分数最小（A、B孔面积忽略不计）.

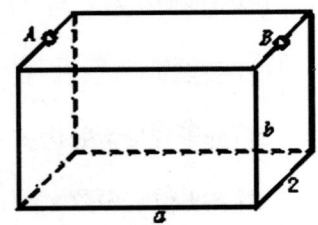

解法一：设y为流出的水中杂质的质量分数，根据题意可知：$y=\dfrac{k}{ab}$，其中$k>0$且k是比例系数．依题意要使y最小，只需求ab的最大值.

由题设得：$4b+2ab+2a=60$（$a>0$，$b>0$），

即 $a+2b+ab=30$（$a>0$，$b>0$），

∵ $a+2b\geq 2\sqrt{2ab}$ ∴ $2\sqrt{2}\cdot\sqrt{ab}+ab\leq 30$，

当且仅当$a=2b$时取"="号，ab有最大值.

∴当$a=2b$时，有$2\sqrt{2}\cdot\sqrt{ab}+ab=30$，即$b^2+2b15=0$，

解之得：$b=3$，或$b=5$（舍去），∴$a=2b=6$，

故当$a=6$米，$b=3$米时，经沉淀后流出的水中杂质最少．

解法二：设y为流出的水中杂质的质量分数，

由题意可知：$4b+2ab+2a=60$（$a>0$，$b>0$），

∴ $a + 2b + ab = 30$ ($a > 0$, $b > 0$),∴ $b = \dfrac{30-a}{2+a}$ ($0 < a < 30$),

由题设:$y = \dfrac{k}{ab}$,其中 $k > 0$ 且 k 是比例系数,依题只需 ab 取最大值.

∴ $y = \dfrac{k}{ab} = \dfrac{k}{\dfrac{30a-a^2}{2+a}} = \dfrac{k}{-a+32-\dfrac{64}{a+2}} = \dfrac{k}{[(a+2)]+\dfrac{64}{a+2}}$

$\geqslant \dfrac{k}{34 - 2\sqrt{(a+2) \times \dfrac{64}{a+2}}} = \dfrac{k}{18}$,当且仅当 $a+2 = \dfrac{64}{a+2}$ 时取 "=" 号,

即 $a = 6$,$b = 3$ 时,ab 有最大值 18.

故当 $a = 6$ 米,$b = 3$ 米时经沉淀后流出的水中杂质最少.

例 14、如图,在 △ABC 中,∠C = 90°,AC = 3,BC = 4,一条直线分 △ABC 的面积为相等的两部分,且夹在 AB 与 BC 之间的线段最短,求此线段长.

解析:本题的关键在于恰当地选取变量表示夹在 AB 与 BC 之间的线段 EF,同时考虑到题设中的等量关系,即 $S_{\triangle BEF} = \dfrac{1}{2} S_{\triangle ABC}$,因此,所选变量还应便于求两个三角形的面积,于是考虑设 $BE = x$,$BF = y$($0 < x < 4$,$0 < y < 5$),

则 $S_{\triangle BEF} = \dfrac{1}{2} BE \cdot BF \sin B = \dfrac{1}{2} xy \sin B$,

又 $S_{\triangle ABC} = \dfrac{1}{2} BC \cdot AC = \dfrac{1}{2} \times 3 \times 4 = 6$,

依题意可知:$S_{\triangle BEF} = \dfrac{1}{2} S_{\triangle ABC}$,

∴ $\dfrac{1}{2} xy \sin B = \dfrac{1}{2} \times 6 = 3$,

∵ $\sin B = \dfrac{AC}{BC} = \dfrac{3}{5}$,∴ $xy = 10$,又 $\cos B = \dfrac{BC}{AB} = \dfrac{4}{5}$,

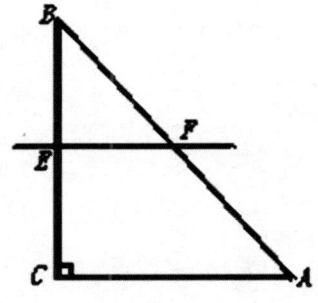

∴在△BEF中,由余弦定理得:

$EF^2 = BE^2 + BF^2 - 2BE \cdot BF \cdot cosB = x^2 + y^2 - 2xy \cdot \dfrac{4}{5}$

$= x^2 + y^2 - 16 \geqslant 2xy - 16 = 4$,

当且仅当 $x = y = \sqrt{10}$ 时,等式成立. 故此时线段 EF 的长为2.

求轨迹方程的基本方法

平面解析几何研究的主要问题：根据已知条件求出表示平面曲线的方程；通过方程，研究平面曲线的性质．第一个问题，即如何求曲线的方程。在教学中是重点也是难点问题，为方便学生学习，本文通过例题总结求轨迹方程的基本方法．

1．．直接法

直接法是求轨迹方程最基本的方法，它是将动点满足的几何条件或者等量关系直接坐标化，列出等式，建立 x、y 之间的关系，化简即得动点轨迹方程 $f(x, y) = 0$。

例1 设 A、B 两点的坐标是 $(1, 0)$、$(1, 0)$，若 $k_{MA} \cdot k_{MB} = 1$，求动点 M 的轨迹方程。

解：设 M 的坐标为 (x, y)，M 属于集合 $P = \{M | k_{MA} \cdot k_{MB} = 1\}$．由斜率公式，点 M 所适合的条件可表示为

$$\frac{y}{x-1} \cdot \frac{y}{x+1} = -1 \ (x \neq \pm 1),$$

整理后得 $x^2 + y^2 = 1 \ (x \neq \pm 1)$。

方程 $x^2 + y^2 = 1 \ (x \neq \pm 1)$ 是点 M 的轨迹方程．

直接法求简单的曲线方程可按一般步骤进行，简而言之，即：建系设标——列式换标——化简作答。

2. 定义法

例2. 求点 P 到点 $F(4,0)$ 的距离比它到直线 $x+5=0$ 的距离小 1 的点的轨迹方程。

解：设 $P(x,y)$ 为所求轨迹上任意一点，

∵ 点 P 到 F 的距离比它到直线 $x+5=0$ 的距离小 1。

故点 P 到 $F(4,0)$ 的距离与点 P 到直线 $x+4=0$ 的距离 $|PD|$ 相等。

∴ $|PF|=|PD|$，

∴ P 的轨迹是以 $F(4,0)$ 为焦点，以 $x=-4$ 为准线的抛物线。

∴ $y^2=16x$。

定义法求曲线的轨迹方程，综合了解析几何、平面几何、立体几何的相关知识及将实际问题转化为数学问题的能力。圆锥曲线的定义所包含的几何意义十分重要，应特别重视利用圆锥曲线的定义解题。

3. 相关点法

例3 已知 $\triangle ABC$，$A(2,0)$，$B(0,2)$，第三个顶点 C 在曲线 $y=3x^2-1$ 上移动，求 $\triangle ABC$ 的重心的轨迹方程。

解：设 $\triangle ABC$ 的重心为 $G(x,y)$，顶点 C 的坐标为 (x_1,y_1)，由重心坐标公式得

$$x=\frac{-2+0+x_1}{3}, \quad x=\frac{0-2+y_1}{3},$$

∴ $\begin{cases} x_1=3x+2 \\ y_1=3y+2 \end{cases}$，代入 $y_1=3x_1^2-1$ 得 $3y+2=3(3x+2)^2-1$，

∴ $y=9x^2+12x+3$，即为所求轨迹方程。

在这个问题中，动点 C 与点 G 之间有某种关系，写出 C 与 G 之间的坐标关系，并用 G 的坐标表示 C 的坐标，而后代入 C 的坐标所满足的关系式化简整理即得所求，这种方法叫相关点法。这种方法常用于两个或两个以上动点的情况。

4. 几何法

例3 已知以原点为圆心，以2为半径的圆和一个定点 A（4，0），点 M 是圆上的动点，求线段 MA 的中点 P 的轨迹方程。

分析1：这类问题属于相关点问题．（如图），由 P 是线段 MA 的中点，且点 M 的轨迹方程已知。因此，可考虑利用中点坐标公式，相关点法求轨迹方程。

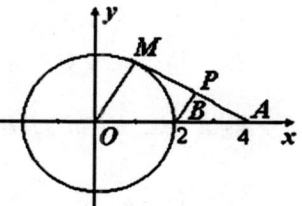

解法1：设 P（x，y），M（x_0，y_0），

∵ P 是 MA 的中点， ∴ $x_0 = 2x-4$，$y_0 = 2y$，

由 M（x_0，y_0）在圆上， ∴ |OM| = 2，得 $\sqrt{x_0^2 + y_0^2} = 2$，

即 $\sqrt{(2x-4)^2 + 4y^2} = 2$，整理得 $(x-2)^2 + y^2 = 1$ 为所求曲线方程。

分析2：

此题没有明确给出列曲线方程的等量关系．我们从图中分析它是否隐含有等量关系？根据已知，圆与 x 轴正半轴的交点是 B（2，0），因此点 B 是 OA 的中点，又 P 是 MA 的中点，所以 BP 是 OMA 的中位线。因此有 |BP| = $\frac{1}{2}$|OM|，由 |OM| = 2，得 |BP| = 1．这就是等量关系。

解法2：根据题意，圆与 x 轴正半轴交于点 B（2，0）．由 A（4，0）知 B 是 OA 的中点．由 P 是 MA 的中点知 |BP| = $\frac{1}{2}$|OM|，又 |OM| = 2，所以 |BP| = 1，

设点 P 坐标为（x，y），则 $\sqrt{(x-2)^2 + y^2} = 1$，

即 $(x-2)^2 + y^2 = 1$ 为所求曲线方程。

这种方法就是根据图形的几何性质求轨迹方程，叫作"几何法"，对于图形的几何性质分析透彻，轨迹方程的求法就会简便。

5. 参数法

若动点 P（x，y）的坐标 x 与 y 之间的关系不易直接找到，而动点变化受到另一变量的制约，则可求出 x、y 关于另一变量的参数方程，再化

为普通方程。

例4：过不在坐标轴上的定点 $M(a, b)$，的动直线交两坐标轴于点 A、B，过 A、B 作坐标轴的垂线交于点 P，求交点 P 的轨迹方程。

解：设 $P(x, y)$，并设过 M 的动直线为：$y - b = k(x - a)$，

由于与坐标轴交于 A、B 两点，所以必存在，且 $k \neq 0$，

则 $A(0, b - ak)$，$B(a - \frac{b}{k}, 0)$，所以 $P(a - \frac{b}{k}, b - ak)$，

即，$\begin{cases} x = a - \frac{b}{k} \\ y = b - ak \end{cases}$，

消去参数 k，即：$(x - a)(y - b) = ab$。

本题由 k 把 x，y 联系在一起，k 称之为参数。由于 P 点是直线的交点，则 P 的坐标一定会满足这两条动直线的方程，解出 x，y，消去参数 k 就得到了 x，y 的关系，这种求曲线方程的方法称为参数法。

6. 交轨法

一般用于求与二动曲线有关的轨迹方程。其过程是选出一个适当的参数，求出二动曲线的方程或动点坐标适合的含参数的等式，再消去参数，即得所求动点轨迹的方程。

例6. 在平面直角坐标系 xOy 中，点 B 与点 $A(-1, 1)$ 关于原点 O 对称，P 是动点，且直线 AP 与 BP 的斜率之积等于 $-\frac{1}{3}$. 求动点 P 的轨迹方程；

解：设点 $P(x, y)$，

因为 B 与 $A(-1, 1)$ 关于原点对称，所以可得 B 点坐标 $(1, -1)$。

设直线 AB 方程：$y - 1 = k(x + 1)$，①

则直线 BP 方程为 $y + 1 = \frac{1}{3k}(x - 1)$，②

将①、②两式相乘，$(y - 1)(y + 1) = \frac{1}{3}(x + 1)(x - 1)$，

化简，得 $x^2+3y^2=4(x\neq\pm1)$（或 $\dfrac{x^2}{4}+\dfrac{y^2}{\frac{4}{3}}=1(x\neq\pm1)$）.

所以，动点 P 的轨迹方程为 $x^2+3y^2=4(x\neq\pm1)$（或 $\dfrac{x^2}{4}+\dfrac{y^2}{\frac{4}{3}}=1(x\neq\pm1)$）。

交轨法可以说是参数法的一种，但涉及两曲线交点问题，用交轨法可以起到简化的作用。

求曲线的轨迹方程问题无论用何方法，都要注意同解变形，并考虑一些特殊点是否适合方程，还要注意所求轨迹方程中变量的取值范围。

浅谈导数的几点应用

导数是解决数学问题的重要工具,很多数学问题如果利用导数探求思路,不仅能迅速找到解题的切入点,而且能够把复杂的分析推理转化为简单的代数运算,达到避繁就简,化难为易,事半功倍的效果。如在求曲线的切线方程、方程的根、处理函数的单调性、最值问题;数列,不等式等相关问题方面,导数都能发挥重要的作用。

一、利用导数求曲线的切线方程

例1 已知函数 $f(x) = x^3 - 3x$ 过点 $A(0,16)$ 作切线,求此切线的方程。

解:∵ 点 $A(0,16)$ 不在曲线 $f(x) = x^3 - 3x$ 上,∴ 可设切点为 $B(x_0, y_0)$,则

$$y_0 = x_0^3 - 3x,, \because f(x_0) = 3(x_0^2 - 1)$$

∴ 曲线 $f(x) = x^3 - 3x$ 在点 $B(x_0, y_0)$ 处的切线方程为 $l: y - (x_0^3 - 3x_0) = 3(x_0^2 - 1)(x - x_0)$,又点 $A(0,16)$ 在 l 上,∴ $16 - (x_0^3 - 3)(x_0^2 - 1)(0 - x_0)$

∴ $x_0^3 = -8$,$x_0 = -2$,切点 $B(-2, -2)$,所求切线方程为 $9x - y + 16 = 0$

二、讨论方程的根的情况

例2、若 $a>3$ 试判断方程 $x^3-ax^2+1=0$ 在 $[0,2]$ 上根的个数。

解：设 $f(x)=x^3-ax^2+1$，则 $f(x)=3x^2-2ax$ 当 $a>3$，$x\in[0,2]$ 时，$f(x)<0$，

所以 $f(x)$ 在 $(0,2)$ 上单调递减，$f(x)$ 在 $x=0$，$x=2$ 处都连续且 $f(0)=1>0$，$f(2=9-4a<0)$，故 $f(x)$ 在 $x\in[0,2]$ 上有且只有一个根。

三、求参数的范围

例3：设函数 $f(x)=x^3-6x+5$，若 x 的方程 $f(x)=a$ 恰好有3个相异实根，

求实数 a 的取值的范围。

解：由题意有 $f(x)=3x^1-6$，则 $x\in(-\infty,-\sqrt{2})\cup(\sqrt{2},+\infty)$ 时，$f(x)$ 单调递增 $x\in(-\sqrt{2},+\sqrt{2})$；时，$f(x)$ 单调递减．所以 $f(x)$ 的极大值为 $f(-\sqrt{2})=5+4\sqrt{2}$，极小值为 $f(\sqrt{2})=5-4\sqrt{2}$．故 $f(x)$ 恰有3个相异实根时，$a\in(5-4\sqrt{2},5+4\sqrt{2})$

四、利用导数求解函数的单调性问题

例4 函数 $f(x)=\frac{1}{3}x^3-\frac{m}{2}x^2+(m+1)x+1$ 在区间 $(1,4)$ 内为减函数，在区间 $(6,+\infty)$ 上为增函数，试求实数 m 的取值范围。

解：函数 $f(x)$ 的导数 $f(x)=x^2-mx+m-1$，令 $f(x)=0$ 解得 $x=1$ 或 $x=m-1$。

(1)当 $m-1\leq 1$ 即 $m\leq 2$ 时，函数 $f(x)$ 在 $(1,+\infty)$ 上是增函数，不合题意。

(2)当 $m-1>1$ 即 $m>2$ 时，函数 $f(x)$ 在 $(-\infty,1)$ 上为增函数，

在（1，$m-1$）内为减函数，在为（$m-1$，$+\infty$）增函数。根题意有：当 $x \in$（1，4）时 $f(x) < 0$，当 $x \in$（6，$+\infty$）时 $f(x) > 0$，所以 $4 \leq m-1 \leq 6$ 解得 $6 \leq m \leq 7$，所以 m 的取值范围是 $[5, 7]$

五、利用导数求解函数的（最）值

例5、已知函数 $f(x) = ax^3 + bx^2 - 3x$ 在 $x = \pm 1$ 处取得极值，

讨论 $f(1)$ 和 $f(-1)$ 是函数 $f(x)$ 的极大值还是极小值。

解：$f(x) = 3ax^2 + 2bx - 3$，由题意可知，∵ 在 $x = \pm 1$ 时 $f(x) = 0$，

即 $\begin{cases} 3a = 2b - 3 = 0 \\ 3a - 2b - 3 = 0 \end{cases}$，解得 $\begin{cases} a = 1 \\ b = 0 \end{cases}$

∴ $f(x) = x^3 - 3x$，$f(x) = 3(x+1)(x-1)$。当 $x \in$（-1，1）时 $f(x) < 0$，

所以 $f(x)$ 在（$-\infty$，-1）和（1，$+\infty$）上是增函数，在（-1，1）为减函数，所以 $f(-1) = 2$ 是极大值；$f(1) = -2$ 是极小值

例6、（2010年重庆卷）已知函数 $f(x) = ax + \dfrac{b}{x} + c$（$a > 0$）的图像在点（1，$f(1)$）处的切线方程为 $y = x - 1$

（Ⅰ）用 a 表示出 b，c；

（Ⅱ）若 $f(x) > lnx$ 在 $[1, +\infty]$ 上恒成立，求 a 的取值范围；

本题主要考察函数、导数等基础知识，同时考察综合运用数学知识进行推理论证的能力和分类讨论的思想。（满分14分）

解：（Ⅰ）$f(x) = a - \dfrac{b}{x^2}$，则有 $\begin{cases} f(1) = a + b + c = 0 \\ f'(1) = a - b = 1 \end{cases}$，

解得 $\begin{cases} b = a - 1 \\ c = 1 - 2a \end{cases}$

（Ⅱ）由（Ⅰ）知，$f(x) = ax + \dfrac{a-1}{x} + 1 - 2a$，

令 $g(x) = f(x) - lnx = ax + \dfrac{a-1}{x} + 1 - 2a - ln$，$x \in [1, +\infty]$

则 $g(l) = 0$，

$$g'(x) = a - \dfrac{a-1}{x^2} - \dfrac{1}{x} = \dfrac{ax^2 - x - (a-1)}{x^2} = \dfrac{a(x-1)(x - \dfrac{1-a}{a})}{x^2}$$

(i) 当 $0 < a < \dfrac{1}{2}$，$\dfrac{1-a}{a} > 1$

若 $1 < x < \dfrac{1-a}{a}$，则 $g'(x) < 0$，$g(x)$ 是减函数，所以 $g(x) < g(l) = 0$

$f(x) > lnx$，故 $f(x) \geq lnx$ 在 $[1, +\infty]$ 上恒不成立。

(ii) $a \geq \dfrac{1}{2}$ 时，$\dfrac{1-a}{a} \leq 1$

若 $f(x) > lnx$，故当 $x \geq 1$ 时，$f(x) \geq lnx$

综上所述，所求 a 的取值范围为 $[\dfrac{1}{2}, +\infty]$

六、利用导数研究函数的图像

例6，若函数 $y = f(x)$ 在 $[a, b]$ 上是先增后减的函数，即 $y = f(x)$ 在 $[a, b]$ 图像可能是：

(c)

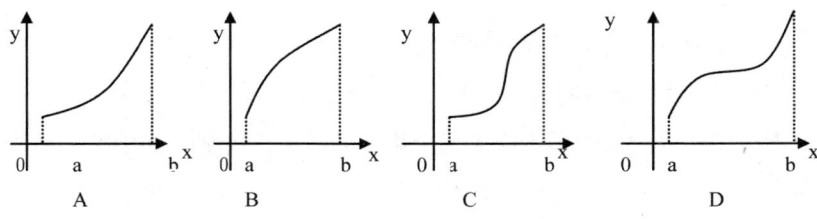

A　　　　B　　　　C　　　　D

解析：依题意 $f'(x)$ 在 $[a, b]$ 上是先增后减的函数，则 $f(x)$ 的图象上，各点的切线的斜率先随 x 的增大而增大，后随 x 的增大而减小，

观察四个选项中的图像，只有 C 满足要求，故选 C

七、利用导数证明不等式

例7、对于 $\forall x>0$，有不等式 $x>ln(x+1)$ 成立．

证明：设 $f(x)=x-ln(x+1)$，$(x>0)$，原有 $f'(x) \dfrac{x}{x+1}$

$\because x>0, \therefore f(x)>0$，又 $f(x)$ 在 $x=0$ 处连续，$f(x)$ 在 $[0,+\infty]$ 上单调递增

$\therefore x>0$ 时 $f(x)>f(0)$ 即 $x-ln(1+x)>0$，$x>ln(1+x)$。

八、利用导数求数列的前 n 项和

例8、求数列 $\{nx^{n-1}\}$ $(x\neq 0,1)$ 的前 n 项和。

解：设数列 $\{nx^{n-1}\}$ $(x\neq 0,1)$ 的前 n 项和为，则

$S_n = 1+2x+3x^2+\cdots+nx^{n-1}$

$=(x+x^2+x^3+\cdots x^n)'$

$=(\dfrac{x-x^{n+1}}{1-x})'$

$=\dfrac{[1-(n+1)x^n+nx^{n+1}]}{(1-x)^2}$，$(x\neq 0,1) = \dfrac{[1-(n+1)x^n+nx^{n+1}]}{(1-x)^2}$

即数列 $\{nx^{n-1}\}$ $(x\neq 0,1)$ 的前 n 项和为

九、利用导数解决实际应用问题

例9：某沿海地区养殖的一种特色海鲜上市时间仅能持续 5 个月，预测上市初期和后期会因供不应求使价格呈连续上涨态势，而中期又将出现供大于求使数求的单调性价格连续下跌，现有三种价格模拟函数：（1）$f(x)=p\cdot q^x$；（2）$f(x)=px^2+qx+1$；（3）$f(x)=x(x-q)^2$

（以上三式中 p,q 均为常数，且 $q>1$）

（1）为准确研究其价格走势，应选哪种价格模拟函数，为什么？

(2) 若 $f(0) = 4$, $f(2) = 6$, 求出所选函数 $f(x)$ 的解析式,

(注：函数的定义域是 $[0,5]$, 其中 $x=0$ 表示 8 月 1 日, $x=1$ 表示 9 月 1 日,…,以此类推)

(3) 为保证养殖户的经济收益, 当地政府计划在价格下跌期间积极拓宽外销, 请你预测该海鲜将在哪几个月内价格下跌。

解：(1) 根据题意, 应选价格模拟函数 $f(x) = x(x-q)^2 + p$.

下面给出分析：对此函数求导, 得 $f'(x) = 3x^2 - 4qx + q^2$,

令 $f'(x) = 0$, 得 $x_1 = q$, $x_2 = \dfrac{q}{3}$,

由 $q > 1$ 知, $f(x)$ 在 $x \geq \dfrac{q}{3}$ 和 $x \leq q$ 上递增, 在 $\dfrac{q}{3} < x < q$ 上递减, 符合题意

(2) 由 $f(0) = 4$, $f(2) = 6$, 得 $\begin{cases} p = 4 \\ 2(2-q)^2 + p = 6 \end{cases}$, 解得 $\begin{cases} p = 4 \\ q = 3 \end{cases}$ (其中 $q = 1$ 舍去).

∴ $f(x) = x(x-3)^2 + 4$, 即 $f(x) = x^3 - 6x^2 + 9x + 4$ ($0 \leq x \leq 5$)

(3) 海鲜价格下跌, 则函数 $f(x) = x^3 - 6x^2 + 9x + 4$ 单调递减, 对 $f(x)$ 求导, 得 $f'(x) = 3x^2 - 12x + 9$, 由 $f'(x) < 0$ 得 $1 < x < 3$, 即函数 $f(x)$ 在 (1, 3) 上单调递减, 于是, 可以预测这种海鲜将在 9, 10 两个月内价格下跌。

向量教学后的一点思考

在现实世界中存在着许许多多既有大小又有方向的量，如位移、速度、力和动量等，这些量的数学表示就是向量。在新编数学教材中增加了平面和空间向量的学习。通过空间性质和向量运算的联系使学生进一步领会数形结合和分类讨论等数学方法，也帮助同学提高对三角函数解析几何有关问题的理解多应用。同时在近几年的高考中，向量部分所占分值也大都稳定在17%左右，除立体几何外，还相应有向量的综合问题出现，这就要求我们教师在向量教学时不容忽视，要善于总结，有的放矢，要充分发挥，培养学生能力。下面谈谈我在教学后的几点体会。

（一）平面向量与空间向量既相互联系，又是逐步深化的进程。

（二）数学的概念、定理、公式、法则等方面的知识教授是数学教学中所必需的，教授过程过程中应加强学生思维能力的训练，把感知上升为理解和应用，引导学生自己去发现和掌握知识间内在联系的规律和逻辑关系。向量数学的引进，无疑对学生教学思维能力、创造能力培养都有着促进作用。

（三）平面向量中向量的概念，向量的运算，向量基本定理和重要公式。在初始课中要学生学会使用数学语言，数学概念表达问题。更重要的，它是空间向量概念，向量运算和空间向量定理的学习基础。夯实基础后续课的学习有潜移默化的作用。学习不能停留在会处理课后习题上，要使学生感受思维过程，感受向量表示的简法形象，基本定理的内在含义，在空间向量的学习中会起到事半功倍的功效,空间向量基本定理的推导,理解,应用水到渠成,二维自然过渡到了三维,空间向量坐标运算,在教师的提示与启发下,学生自己也可总结出来了。

平面向量和空间向量这两部分内容看作向量学习的一个整体的话,我以为平面向量是基础,空间向量是进一步的深化,两部分学习要相辅相成。基础的夯实为空间向量的进一步学习创造条件,类比的学习,又使学生体验到二维与三维的过渡,学习进程的轻松。学习空间向量又是对平面向量的进一步温习。

(二)掌握向量的基本方法

用向量解决问题,是通过将元素的位置关系转化为数量关系,从而把几何结构代数化,淡化"形到形"的推理方法,实行为"形"与"数"的结合,使问题解答变得简捷、清晰。

(1)基本定理法

选取一组向量作为基底,用此基底表示所求向量,然后用向量运算法则求解。

例(1)用向量证明三角形的三条中线共点。

分析:本题的意图是为了提高学生用向量证明平面几何命题的能力,在教学时启发学生,要证明三线共点,可转化为先证明三线中两线分别共点于 G_1,G_2,然后再证明点 G_1 与点 G_2 重合。这样便可达到证明三线共点的目的。

如图 2 所示,可设 AD 与 BE 相交于点 G_1,AD 与 CF 相交于点 G_2,然后证明 G_1 与 G_2 点重合。

证明:设 $\overrightarrow{AC} = \vec{a}$,$\overrightarrow{BC} = \vec{b}$ 为基底,则 $\overrightarrow{AB} = \vec{a} - \vec{b}$,$\overrightarrow{AD} = \vec{a} - \frac{1}{2}\vec{b}$,$\overrightarrow{BE} = -\frac{1}{2}\vec{a} + \vec{b}$。

设 AD 与 BE 相交于点 G_1，并设 $\vec{AG_1} = \lambda \vec{AD}$，$\vec{BG_1} = \mu \vec{BE}$，

则 $\vec{AG_1} = \lambda \vec{a} - \dfrac{\lambda}{2} \vec{b}$，$\vec{BG_1} = -\dfrac{\mu}{2} \vec{a} + \mu \vec{b}$。

又 $\because \vec{AG_1} = \vec{AB} + \vec{BG_1} = (1 - \dfrac{\mu}{2}) \vec{a} + (\mu - 1) \vec{b}$，

$\therefore \begin{cases} \lambda = 1 - \dfrac{\mu}{2}, \\ -\dfrac{\lambda}{2} = \mu - 1。 \end{cases}$

$\therefore \lambda = \mu = \dfrac{2}{3}$，即 $\vec{AG} = \dfrac{2}{3} \vec{AD}$。

再设 $\vec{AD}$ 与 $\vec{CF}$ 相交于 G_2，同理可得 $\vec{AG} = \dfrac{2}{3} \vec{AD}$。

$\therefore$ 点 G_1 与点 G_2 重合，即 AD、BE、CF 相交于同一点。

例（2）如图，正方形 $ABCD$ 所在平面与正方形 $ABEF$ 所在平面成 $60°$ 的二面角，则异面直线 AD 与 BF 所成角的余弦值是多少？

解：$COS<\vec{AD}, \vec{BF}>$

$= \dfrac{\vec{AD} \cdot \vec{BF}}{|\vec{AD}| \cdot |\vec{BF}|} = \dfrac{\vec{AD} \cdot (\vec{BA} + \vec{AF})}{|\vec{AD}| \cdot |\vec{BF}|}$

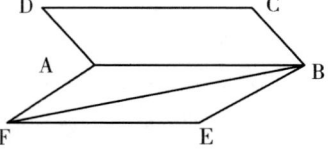

$= \dfrac{\vec{AD} \cdot \vec{BA} + \vec{AD} \cdot \vec{AF}}{|\vec{AD}| \cdot |\vec{BF}|}$

$\because AD \perp AB$，$\therefore \vec{AD} \cdot \vec{BF} = 0$

设正方形边长为 1，因为是已知二面角的平面角

$\therefore \vec{AD} \cdot \vec{AF} = |\vec{AD}| \cdot |\vec{AF}| COS<DAF = \dfrac{1}{2}$

$\therefore COS<\vec{AD} \cdot \vec{AF}> = \dfrac{\sqrt{2}}{4}$

常用基本定理法证明一些点共线、线共点，线共面问题，以及证明

线、面的平行或垂直等位置关系。

（2）坐标解析法

建立适当的空间直角坐标系，求出相关点与相交向量的坐标，利用向量的运算法则进行计算或求解。

例（3）利用向量求证 $Cos(\alpha-\beta) = Cos\alpha \cdot Cos\beta + Sin\alpha \cdot Sin\beta$

分析：（1）建立直角坐标系，利用数形结合方法把三角函数内容转化为直角坐标系中的向量计算问题；

（2）利用单位圆的特殊性质，巧妙地简化解题的步骤。

证明，如图6，建立直角坐标系，在单位圆 O 中，

设 $\angle BOA = \beta$，$\angle BOC = \alpha - \beta$。

令 $\overrightarrow{OC} = \overrightarrow{c}$，$\overrightarrow{OB} = \overrightarrow{b}$，则 $|\overrightarrow{c}| = |\overrightarrow{b}| = 1$。

则 $\overrightarrow{b} \cdot \overrightarrow{c} = |\overrightarrow{b}| \cdot |\overrightarrow{c}| \cdot Cos(\alpha-\beta) = Cos(\alpha-\beta)$ ①

又∵ $\overrightarrow{OC} = (|\overrightarrow{c}| \cdot Cos\alpha, |\overrightarrow{c}| \cdot Sin\alpha) = (Cos\alpha, Sin\alpha)$,

$\overrightarrow{OB} = (|\overrightarrow{b}| \cdot Cos\beta, |\overrightarrow{b}| \cdot Sin\beta) = *(Cos\beta, Sin\beta)$,

∴ $\overrightarrow{b} \cdot \overrightarrow{c} = (Cos\alpha, Sin\alpha) \cdot (Cos\beta, Sin\beta) = Cos\alpha \cdot Cos\beta + Sin\alpha \cdot Sin\beta$ ②

图6

由①、②式得

$Cos(\alpha-\beta) = Cos\alpha \cdot Cos\beta + Sin\alpha \cdot Sin\beta$

例（4）如图，底面是直角梯形的四棱锥 $S-ABCD$ 中，$\angle ABC = 90°$，$SA \perp$ 面 $ABCD$，$SA = AB = BC = 1$，$AD = \dfrac{1}{2}$，求面 SCD 与面 SAB 所成的角．

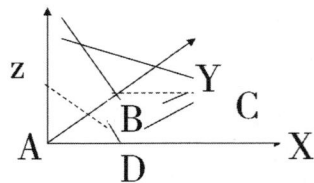

解：以 A 为原点，建立直角坐标系，则 $S(0, 0, 1)$，$C(1, 1, 0)$，$D(\frac{1}{2}, 0, 0)$. 设 $\vec{n} = (x, y, z)$ 是平面 SCD 的一个法向量，则 $\vec{n} \cdot \vec{SCD} = \frac{1}{2}x - z = 0$. $\vec{n} \cdot \vec{nc} = x + y = z = 0$，解得：$\vec{n} = (2, -1, -1)$

又 $\vec{AD} = (\frac{1}{2}, 0, 0)$ 是面 SAB 的一个法向量，设面 SCD 与面 SAB 所成的角为 θ，则 $\theta = <\vec{n}, \vec{AD}>$，$cos\theta = cos<\vec{n}, \vec{AD}> = \frac{1}{\sqrt{6} \times (\frac{1}{2})^2} = \frac{\sqrt{6}}{3}$

故面 SCD 与面 SAB 成的角为 $arccos\frac{\sqrt{6}}{3}$.

由于建立直角坐标系，给出了向量的坐标表示式，由此导出了向量的加法、减法、数量积的坐标运算，这就为用"数"的运算处理"形"的问题架起了桥梁。尤其在立体几何中，求一些空间角和距离问题，更现简单化，化难为易了。但应用空间解析法时，应注意坐标系的建立有利于坐标的简化和问题的解决。

三、注重向量的综合应用

1. 向量与三角函数的综合，一方面，向量的数量积使得向量与三角函数之间有着不可割裂的联系，另一方面，还可以定义向量的坐标运算，将向量与三角函数相结合。

问题1：已知向量 $\vec{a}(cos\frac{3\theta}{2}, sin\frac{3\theta}{2})$，$\vec{b}(cos\frac{\theta}{2}, -sin\frac{\theta}{2})$，$\theta \in [0, \frac{\pi}{2}]$.

(1) 求 $\vec{a} \cdot \vec{b}$ 及 $|\vec{a}+\vec{b}|$。(2) 函数 $f(x) = \vec{a} \cdot \vec{b} - 4|\vec{a}+\vec{b}|$ 的最小值。

分析：由向量的坐标运算得 $\vec{a} \cdot \vec{b}$ 及 $|\vec{a}+\vec{b}|$，进而得 $f(x) = 2(COS\theta - 2)^2 - 9$，易得最小值 -7。2。与复数的综合，一方面，复数可以通过向量表示，另一方面向量的坐标表示与复数的代数形式相似，因此，向量与复数有着紧密联系。

问题2：设 $x, y \in R$，复数 $a = x + (y+2)i$，$b = x + (y-2)i$，$|a| + |b| = 8$。(1) 求点 $M(x, y)$ 的轨迹 C 方程。(2) 过点 $(0, 3)$ 作直线 l 与曲线 C 交于 A、B 两点。设 $\vec{op} = \vec{OA} + \vec{OB}$，是否存在这样直线 l，使得四边形 $OAPB$ 是矩形？若存在，求出直线 l 的方程，若不存在，说明理由。

分析：(1) 由复数的加法运算，复数模的意义及椭圆定义得方程 $\dfrac{x^2}{12} + \dfrac{y^2}{16} = 1$。(2) 易知直线 l 斜率存在，设 l 为 $y = kx + 3$，$A(x_1, y_1)$，$B(x_2, y_2)$，又题意矩形，所以 $\vec{OA} \cdot \vec{OB} = 0$，既 $x_1 x_1 + y_1 y_2 = 0$ 联立直线和椭圆方程，利用达定理得 $k = \pm \dfrac{\sqrt{5}}{4}$，所以直线存在。

3. 向量与函数、不等式、导数的综合，向量坐标含有未知量。用向量的数量积等运算可设计出有关函数、不等式、导数的综合问题。

问题3：已知 $\vec{a}(x, x-4)$，$\vec{b}(x^2, \dfrac{3x}{2})$，$x \in [-4, 2]$。(1) 试用 x 表示 $\vec{a} \cdot \vec{b}$。(2) 求的最大值，及此时 $\vec{a}, \vec{b}$ 夹角的大小。

分析：由数量积坐标运算得 $f(x) = x^3 + \dfrac{3x^2}{2} - 6x$，用导数求得单调区间，利用单调性求出最大值为 $f(-2) = 10$，此时 $\vec{a}(-2, -6)$，$\vec{b}(4, -3)$，数量积运算 $cos\theta = \dfrac{\sqrt{5}}{5}$。

向量处在代数和几何的交汇处，它与中学数学的各部分都有着密切的联系。高考命题对能力的要求在不断提高，命题也从对向量基本性质，基本运算的考查逐步过渡到重视对抽象符号意义的理解和灵活解决问题的能力。注重各内容进行综合，在知识网络交汇处设计试题。这也给我们教学中提出了新的要求，特别注意对向量意义的理解和综合。

在解析几何解题中巧用平面几何知识

解析几何用代数方法研究几何问题，在解析几何解题中，适时地运用平面几何的知识，可以大大简化解题的过程，收到很好的效果。

例1：平行四边形 ABCD 的三个顶点为 A（4，8），B（0，4），D（8，0），过坐标原点做一条直线，将平行四边形 ABCD 的面积分为相等的两部分，求这条直线的方程。

解析：此题若用计算面积的方法去做，运算较繁琐。但从平面几何的知识我们知道，将一个平行四边形的面积分为二等分的直线，必过平行四边形的对称中心。这样，我们只要求出四边形的对称中心，即对角线的交点，就可以用两点式写出直线的方程。

设平行四边形对角线的交点为 O，则点 O 是对角线的中点，点 O 的坐标是（4，2），由两点式得所求直线的方程是 $y = \dfrac{1}{2}x$。

例2：已知：线段 |AB| = 2a，端点 A 在 x 轴上滑动，端点 B 在 y 轴上滑动．求线段 AB 中点 P 的轨迹方程。

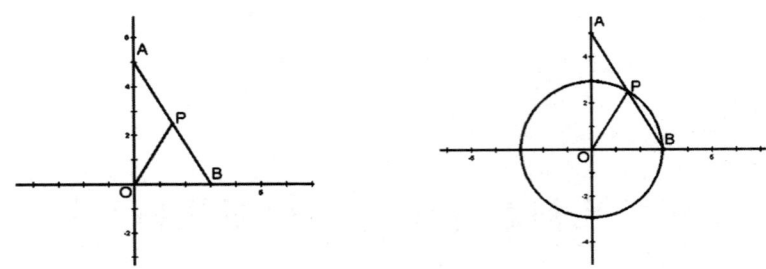

解析：本题可以用坐标法解决．但通过分析可以从几何上看到，除了点 B 落到原点以外，都是直角三角形 ABC，线段 OP 是 $Rt\triangle ABC$ 的斜边中位线，从而得到 $|OP| = a$．所以线段 AB 中点 P 的轨迹方程为 $x^2 + y^2 = a^2$

例3：已知点 $A(4, 0)$，点 B 在 $x^2 + y^2 = 4$ 上运动，求线段 AB 的中点 P 的轨迹方程。

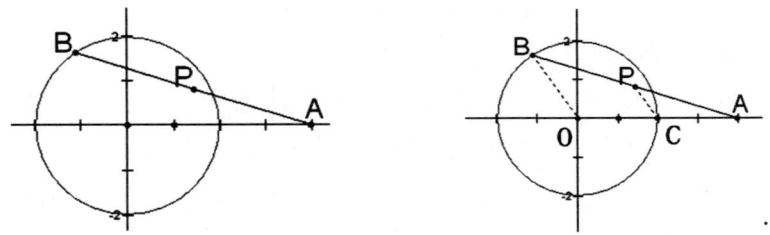

解析：从几何看，除了点 B 落到 x 轴以外，$\triangle ABC$ 总是存在的，则反映在代数上，就是有不变的数量关系：$|OA| = \frac{1}{2}|OB|$．所以线段 AB 的中点 P 的轨迹方程为 $(x-2)^2 + y^2 = 1$．当点 B 落到 x 轴上时仍满足方程．注重到问题的几何特征，使求解过程简便。

例4．如图过定点 $M(a, b)$ 任作互相垂直的两条直线 l_1 和 l_2，分别与 x 轴、y 轴交于 A，B 两点，求线段 AB 中点 P 的轨迹方程。

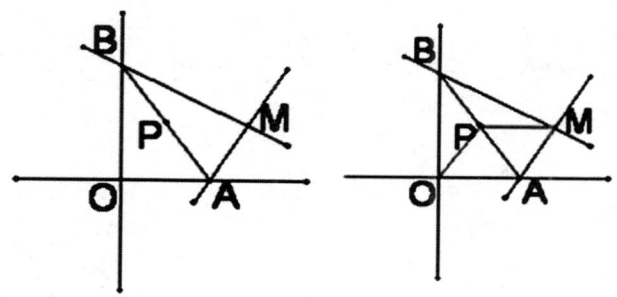

解析：本题可以用坐标法解决，设 $p(x,y)$ $A(2x,0)$ $B(0, zy)$ $M(a,b)$ 利用 l_1 和 l_2 垂直，转化为它们斜率的乘积为 -1. 使问题得到解决。但这种做法必定要有一定的运算量，而如果注意到问题的几何特征，会使问题得以化简。由已知条件可知，$OABM$ 四点共圆，P 点到 O, M 两点距离相等 $\sqrt{x^2+y^2}=\sqrt{(x-a)^2+(y-b)^2}$，马上就可得到，从而求出点 P 的轨迹方程。

例5：2010 年北京卷（理）19。

在平面直角坐标系 xOy 中，点 B 与点 $A(-1,1)$ 关于原点 O 对称，P 是动点，且直线 AB 与 BP 的斜率之积等于 $-\dfrac{1}{3}$.

（Ⅰ）求动点的轨迹方程；

（Ⅱ）设直线 AP 和 BP 分别与直线 $x=3$ 交于点 M, N，问：是否存在点 P 使得 $\triangle PAB$ 与 $\triangle PMN$ 的面积相等？若存在，求出点 P 的坐标；若不存在，说明理由。

第一问，同学由题意 $k_{AP}k_{BP}=\dfrac{y-1}{x+1}\cdot\dfrac{y+1}{x-1}=-\dfrac{1}{3}$，很容易求得动点的轨迹方程为 $x^2+3y^2=4$，$(x\ne\pm1)$. 而第二问求点 P 的坐标，不论从斜率入手，还是从点 P 的坐标入手，用代数方法求解，都会有繁杂的计算，因此，可以考虑从几何方面入手。适当的结合平面图形的性质可使问题化简。

解法一：设直线 AP 方程为 $y-1=k(x+1)$，①

则直线 BP 方程为 $y+1=\dfrac{1}{3k}(x-1)$，②

由 $\begin{cases} y-1=k(x+1) \\ x=3 \end{cases}$，可得 $y_M=4k+1$.

由 $\begin{cases} y+1=\dfrac{1}{3x}(x-1) \\ x=3 \end{cases}$，可得 $y_N=-\dfrac{3k+2}{3k}$.

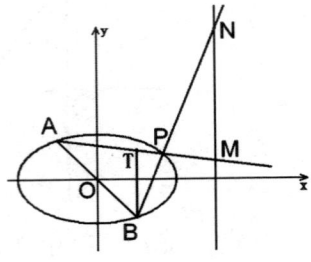

若存在点 P，使得 $S_{\triangle PAB}=S_{\triangle PMN}$，则 P 必在直线 AB 的右上方.

则 $S_{\triangle PAB}+S_{\triangle PBM}=S_{\triangle PMN}+S_{\triangle PBM}$，即 $S_{\triangle ABM}=S_{\triangle NBM}$.

故点 A，N 到直线 BM 的距离相等，所以 $AN\parallel BM$，

即 $k_{AN}=k_{BM}$，所以 $\dfrac{4k+1+1}{3-1}=\dfrac{\dfrac{3k+2}{3k}-1}{3+1}$，

化简为 $12k^2+9k+1=0$，解得 $k=\dfrac{-9\pm\sqrt{33}}{24}$.

将 $k=\dfrac{-9\pm\sqrt{33}}{24}$ 代入①、②，

得 $\begin{cases} y-1=\dfrac{-9\pm\sqrt{33}}{24}(x+1) \\ y+1=\dfrac{-1}{3\cdot\dfrac{-9\pm\sqrt{33}}{24}}(x-1) \end{cases}$，解得 $\begin{cases} x=\dfrac{5}{3} \\ y=\dfrac{\sqrt{33}}{9} \end{cases}$，

故 P 点坐标为 $\left(\dfrac{5}{3},\dfrac{\sqrt{33}}{9}\right)$.

将 $k=\dfrac{-9\pm\sqrt{33}}{24}$ 代入①、②，

得 $\begin{cases} y-1 = \dfrac{-9 \pm \sqrt{33}}{24}(x+1) \\ y+1 = \dfrac{-1}{3 \cdot \dfrac{-9 \pm \sqrt{33}}{24}}(x-1) \end{cases}$,解得 $\begin{cases} x = \dfrac{5}{3} \\ y = -\dfrac{\sqrt{33}}{9} \end{cases}$,

故 P 点坐标为 $(\dfrac{5}{3}, -\dfrac{\sqrt{33}}{9})$.

故存在点 P,使得 $S_{\triangle PAB} = S_{\triangle PMN}$,此时点 P 坐标为 $(\dfrac{5}{3}, \dfrac{\sqrt{33}}{9})$ 或 $(\dfrac{5}{3}, -\dfrac{\sqrt{33}}{9})$.

解法二:

因 $\angle APB + \angle MPN = 180°$,可得 $\sin\angle APB = \sin\angle MPN$,

又 $S_{\triangle PAB} = \dfrac{1}{2}|PA| \cdot |PB|\sin\angle APB$,$S_{\triangle PMN} = \dfrac{1}{2}|PM| \cdot |PN|\sin\angle MPN$,

若 $S_{\triangle PAB} = S_{\triangle PMN}$,则有 $|PA| \cdot |PB| = |PM| \cdot |PN|$,即 $\dfrac{|PA|}{|PM|} = \dfrac{|PN|}{|PB|}$,设点 P 的坐标为 (x_0, y_0),则有:$\dfrac{x_0+1}{3-x_0} = \dfrac{3-x_0}{x_0-1}$.

解得:$x_0 = \dfrac{5}{3}$,又因 $x_0^2 + 3y_0^2 = 4$,解得 $y_0 = \pm\dfrac{\sqrt{33}}{9}$.故存在点 P 使得 $\triangle PAB$ 与 $\triangle PMN$ 的面积相等,此时点 P 的坐标为 $(\dfrac{5}{3}, \pm\dfrac{\sqrt{33}}{9})$.

而此解法的关键是 $\dfrac{|PA|}{|PM|} = \dfrac{|PN|}{|PB|}$ 的转换,将 $ABPMN$ 几点投影到 x 轴,通过相似形,把 $\dfrac{|PA|}{|PM|} = \dfrac{|PN|}{|PB|}$ 转化为点 (x_0, y_0) 的坐标表示 $\dfrac{|x_0+1|}{|3-x_0|} = \dfrac{|3-x_0|}{|x_0-1|}$。

解法三:类比解法二也可以使用三角形相似.

过 B 作 $BT \parallel y$ 轴,交 AP 于 T,因此 $\triangle PBT \sim \triangle PNM$.

所以 $\dfrac{S_{\triangle PNM}}{S_{\triangle PBT}} = (\dfrac{|PN|}{|PB|})^2 = (\dfrac{x_N - x_P}{x_P - x_B})^2$，而 $\dfrac{S_{\triangle PAB}}{S_{\triangle PBT}} = \dfrac{|PA|}{|PT|} = \dfrac{x_P - x_A}{x_P - x_T} = \dfrac{x_P - x_A}{x_P - x_B}$.

若存在点 P，使得 $S_{\triangle PAB} = S_{\triangle PMN}$，

则 $(\dfrac{x_N - x_P}{x_P - x_B})^2 = \dfrac{|x_P - x_A|}{|x_P - x_B|}$，

即 $(x_P - 3)^2 = |x_P + 1| \cdot |x_P - 1|$，解得 $x_P = \dfrac{5}{3}$.

将 $x_P = \dfrac{5}{3}$ 代入 $\dfrac{x^2}{4} + \dfrac{y^2}{\frac{4}{3}} = 1$ $(x \neq \pm 1)$，

可得 $y_P = \pm \dfrac{\sqrt{33}}{9}$. 故存在点 P，使得 $S_{\triangle PAB} = S_{\triangle PMN}$，此时 P 点坐标为 $(\dfrac{5}{3}, \dfrac{\sqrt{33}}{9})$ 或 $(\dfrac{5}{3}, -\dfrac{\sqrt{33}}{9})$.

此外，在解析几何解题时，涉及圆与直线、圆与圆的位置关系问题，应用几何性质求解也会起到化简的作用。解析几何用代数方法研究几何问题，突出数形结合思想，解析几何也是几何，在解析几何解题时，能够注意到几何特征，巧用几何性质，会使问题化简，起到事半功倍的作用。

一道考题引发的教学思考

统计概率问题是高中新课程新增内容，也是每年高考的必考点。今年北京高考的统计概率试题如下：

（北京高考数学试题17）近年来，某市为促进生活垃圾的分类处理，将生活垃圾分为厨余垃圾、可回收物和其他垃圾三类，并分别设置了相应的垃圾箱，为调查居民生活垃圾分类投放情况，现随机抽取了该市三类垃圾箱中总计1000吨生活垃圾，数据统计如下（单位：吨）：

	"厨余垃圾"箱	"可回收物"箱	"其他垃圾"箱
厨余垃圾	400	100	100
可回收物	30	240	30
其他垃圾	20	20	60

（1）试估计厨余垃圾投放正确的概率；

（2）试估计生活垃圾投放错误的概率；

（3）假设厨余垃圾在"厨余垃圾"箱、"可回收物"箱、"其他垃圾"箱的投放量分别为 a, b, c，其中 $a>0$，$a+b+c=600$。当数据 a, b, c 的方差 s^2 最大时，写出 a, b, c 的值（结论不要求证明），并求此时 s^2 的值．

（$s^2 = \dfrac{1}{n}\left[\sum(x_i - \bar{x})^2\right]$，其中 $\bar{x}$ 为数据 $x_1, x_2, \cdots x_n$ 的平均数）

解答：（1）由题意可知厨余垃圾投放正确的概率：$\dfrac{400}{600}=\dfrac{2}{3}$

（2）由题意可知生活垃圾投放错误的概率：$\dfrac{200+60+40}{1000}=\dfrac{3}{10}$

（3）由题意可知当 $a=600$，$b=0$，$c=0$ 时，有 $s^2=80000$.

这是一道与实际联系紧密的关于垃圾分类的概率题，而且这道题在题干的设计上比较特别，用一个表格来展现垃圾分类的情况，要求学生从这个表格中读懂需要的信息。如果理解不透，容易影响后面的作答。从这道题的设计中也可看出，北京高考对考生用知识解决实际生活问题的能力提出了更高的要求。高考结束后，我们找到两个班的同学对这道题进行了回顾，有的同学还对这道题进行了"复盘"（复写出高考时的答题结果）。大部分同学对这道题感觉不难，但做起来又不是很顺手，主要由以下几类错误：

错解：（1）由题意可知厨余垃圾投放正确的概率：$\dfrac{400}{1000}=\dfrac{2}{4}$ 或 $\dfrac{400}{450}=\dfrac{8}{9}$ 或 $\dfrac{450}{600}=\dfrac{3}{4}$

分析：解答结果为 $\dfrac{2}{5}$ 或 $\dfrac{8}{9}$ 的同学没有从表格中看到投放厨余垃圾的总数。解答结果为 $\dfrac{3}{4}$ 没有从表格中看出厨余垃圾投放正确的总数。

发生这两种错误的原因一是由于学生对图表的理解不够深入，再者由于学生对古典概型的基本事件空间分析不足导致。

错解：（2）由题意可知生活垃圾投放错误的概率：$\dfrac{700}{1000}=\dfrac{7}{10}$ 或 $\dfrac{50}{450}+\dfrac{120}{360}+\dfrac{130}{190}$

分析：解答结果为 $\dfrac{7}{10}$ 的同学没有分析清这一结果是所求事件的对立事件的概率，当然也有时间紧导致马虎的因素。第二种解法错误在于将各垃圾箱中的错误投放概率等同于生活垃圾的错误投放概率，是对事件分析

（3）问在结果不要求证明的情况下，对方差概念理解的不深入，不能得到 $a=600$，$b=0$，$c=0$ 时，从而进行计算。还有一部分学生由于审题不够，对于条件其中 $a>0$ 的忽略导致进行了 a,b,c 分别取 600 的讨论，无疑增加了题目本身的难度。

由于这道考题生活气息较浓，同学们又感到十分新颖，所以讨论起来十分热烈。对于结果答错的考生，有的唏嘘不已，有的扼腕痛惜。因为他们的错误和正确结果之间仅仅一步之遥，仅需有人稍作点拨，他们便会找到正确的方向。但这一步之遥恰恰是学生对数学概念和统计概率理解不清所造成的。接下来的几天，同学们那痛惜的表情常常在我眼前浮现，对于统计与概率的教学也引起了我的进一步反思。

1. 统计概率教学的重点使学生掌握统计思维与概率的思想和方法

新的课程标准中明确指出：学生将在义务教育阶段学习统计与概率的基础上，通过解决实际问题，较为系统地经历数据收集与处理的全过程，体会统计思维与确定性思维的差异。

在教学过程中，无论是老师还是学生都会觉得统计学学起来计算量大，但用处不大，因此统计学的学习就变成了简单机械的记公式，盲目算，而对统计结果的分析、对统计学的基本思想却不能给予足够的理解，从而学生也不能深刻体会。

在教学过程中，作为教师，我们不能把统计讲成了数据的加减乘除及其简便算法，讲成了如何画图表。统计学的教学不能只是关心个别的知识点，而缺乏对统计这一学科的整体把握，不清楚统计这学科是做什么的。统计学最关心的是：我们的数据能提供哪些信息。也就是说，这些数据能告诉我们一些什么。具体地说，面对一个实际问题，我们关心：如何抽取数据；如何从数据中提取信息以及所得结论的可靠性。

在高三复习中，教师和学生都注意复习了茎叶图和直方图的数据采集和数据分析，但只是作为了一种模型的学习，甚至是当作了一种套路。而题目给的数据以表格形式出现，有的同学便感到茫然了。图表是分析数据的一种极富有信息的方法，因为一个完整的数据既可以被概括在一个图中，并且一眼就能被理解。图表帮助调查者从数据中提取出了有用的结果，并帮助其他人理解这些结果。

统计学的教学过程中，课本引入了用图形表示统计数据的方法，如何从图表中读出有用信息，如何评价各种不同的图表的优势与劣势，从而为自己所用，是教学中遇到的一个新的课题。

概率是从数量上研究随机性的学科。它从随机事件发生的偶然性因素和影响中寻求事件发生的"可能性"，它反映随机事件的必然的、本质的数量规律，并对相关事件的概率给以数学的刻画和分析，进而给出对实际随机现象的诠释和应用。

拿古典概型教学来说，古典概型的教学应让学生通过实例理解古典概型的特征：(1)实验结果的有限性，(2)取每一个实验结果的等可能性。教师一定分析清楚，"有限性"和"等可能性"性的含义义。教学中不要把重点放在"如何计数"上，同时还要鼓励学生自己动手做实验，亲自去体会这种模型的作用。基于对两性的清楚认识，又能通过统计数表准确找到相应数据信息，完成上述考题问题自然水到渠成。通过这道考题，也使我更加理解了高中数学 b 版教材的编排特点。概率放在必修课中，且在"统计"一章的后面，"计数原理"一章的前面。在"统计"一章中，学生已经认识到要研究一些生活中实际问题，我们经常采用收集数据的方法，根据对这个样本的研究去估计总体的情况，而样本中所有数据的频数和样本容量的比值，就是该组数据的频率。而概率就是频率理论上的期望值。新教材把本章放在"计数原理"一章的前面，使得有关概率的某些计算要求有所降低，避免大量计算，使学生在计算中得以解放，从而有更多的时间应用数学知识分析、观察、理解实际生活中的问题，更好体会概率在生活中的意义。

2. "统计与概率"的内容要与现实生活紧密联系

《课标》中强调了数学的生活性与实践性，数学要体现"数学源于生活、寓于生活、用于生活、高于生活"的思想。

概率和确定性科学一样,已成为我们认识和改造自然、社会的一种不可缺少的科学方法,能够帮助我们有效的解决现实世界中的许许多多问题。认识到概率的思维方式和确定性思维方式的差异,这就是随机观念。这种充满辩证思想的新观念和认识客观世界的新视角,是学生应该建立的观念,也是概率学习的前提条件。新教材鼓励学生动手试验,正确理解随机事件发生的不确定性及其频率的稳定性,体会运用概率思考问题的特点,使学生初步形成用随机现象观察和分析问题的意识。

概率教学的核心问题是让学生了解随机现象与概率的意义,而随机观念的培养又显得尤其重要。要使学生建立随机观念,必须通过设计学生熟悉而感兴趣的实际问题或游戏,让他们亲临原始的随机环境,亲自试验和收集随机数据,使他们在活动中逐步丰富对概率的认识,体会随机现象的特点,新教材中给出自然界和人类日常生活中的大量实例,提高了学生学习概率的兴趣和积极性。

我们以前的统计概率的教学也注重情景设置,但真正反思起来,我们的情景是通过例题引导学生学习如何随机抽样、样本估计总体、线性回归以及用样本估计总体及其特征计算方法,而不是在与实际联系中理解这些统计的思想方法。对概率教学的情景是要学生记住甚至是背出某些概率模型的条件特点,大部分精力去考察如何代公式去计算。这与联系实际激发学生学习兴趣和体会统计概率的数学思想南辕北辙了。

针对上述考题,有的考生当时不能自己完全求解,但高考后师生间的讨论,同学们还是饶有兴致,就是因为学生们认为这个问题亲切,问题就在身边,对解决它发生了浓厚的兴趣。

浅谈高中数学作业组织与设计

一、高中数学作业的特点

由于高中数学学科有其特点，所以高中数学作业也有其特殊性的表现，这样高中数学作业不仅具有一般作业的特点，而且还有其自身的特点。高中数学作业有以下几方面的特点：

高度的抽象概括性：数学知识较其他学科的知识（如物理、化学、生物等）更抽象、更概括，其概括程度之高，使数学完全脱离了具体的事实，仅考虑形式的数量关系和空间关系。数学作业中有很多习题使用了高度概括的形式化数学语言、给出的是抽象的数量关系和空间关系。解应用题或解决问题也是具体—抽象—具体的过程。高度的抽象概括性是高中数学作业的一大特点。

严谨性："只有数学可以强加上一个有力的演绎结构，从而不仅可以确定结果是否正确，还可以确定是否已经正确的建立起来。"正是由于数学的严谨性，所以高中数学作业同样具有严谨性。

频繁性：高中课程中数学课在一周中天天都有，因此高中数学作业的布置是极其频繁的。课堂上往往"将问题作为教学的出发点"和"变式训练"。每堂课后都有课外作业。学生在校期间天天都有数学作业。

二、高中数学作业的设计原则

学生作业的目的在于巩固和消化所学的知识,并使知识转化为技能技巧,发展能力。正确组织好学生作业,对于培养学生的独立工作的能力和习惯,发展学生的智力和创造才能有着重大意义,因此,教师应重视作业的设计。

然而设计作业并非想象的那么简单。要让作业发挥最大的效益,教师在教学工作中还得讲究一定的方法。我们设计作业时注意了以下几方面原则。

1. 作业的目的性

即作业要体现高中数学课程的总目标、教学单元目标、课堂教学应达到的教学目标,学生通过练习能进一步巩固知识,使思维能力得到进一步发展。简单而言,就是作业练习什么,教师心中要有数。对学习难度较大的内容,教师设计作业应侧重放在把握重点,突破难点上。对学生易接受,知识连贯性强的内容,宜设计有关开发智力,提高思维力的作业。这样既能保证让学生能依时完成作业,也能让他们在体会成功喜悦的同时发展他们的智力。

2. 作业的针对性

即作业能体现教学内容的层次,适合思维能力层次不同的学生。针对教材和学生实际,教师要精选设计作业题。设计的作业不符合学生实际能力和需要,或太难,或太深,学生不会做,无结果,他们的兴趣和情绪就受到影响。困难性作业应是学生在熟练掌握"双基"的前提下力能胜任的,且要考虑多数同学的适应性。

3. 作业的差异性

班级授课制下,由于学生智力与非智力因素的不同会造成学生学习水平的不同,因材施教,区别对待则可缩这种差距。当然,它需要贯穿于教学工作的每一个环节。作业设计也不例外。可据学生水平把学生分开两组或三组,分类布置作业。也可在布置作业同时,布置适量选做题。按量力性原则因材施教，显然行之有效，但须注意，不能因此走入降低教学标准的误区。

4. 作业的重现性

有代表性、典型性、关键性的作业不要认为学生做过就过关，必须有目的，有计划地安排一定程度的重现性作业，才能保证学生获得牢固的知识和熟练的技能。但要注意重现并不等同于机械的重复，要注意作业数量适当，难易适度，让学生能完成。

5. 作业的开放性

作业要有一定的开放性，要让学生有自我发挥的余地。可根据学生的数学知识、数学技能和能力，结合教材适当设计一些探索性作业，引导鼓励学生提出问题，寻找伙伴完成研究性作业。

三、高中数学作业分类

目前，作业在分类上，划分的角度很多，使作业的分类非常丰富。按完成作业的空间分，有课内作业、课外作业；按作业的操作方式分，有口头作业、书面作业和实践性作业；按作业的反馈时间分，有即时、短期和中长期作业；按知识掌握的不同阶段分，有准备性、导入性、尝试性、巩固性作业；按不同学习阶段分，有预习性、练习性、测验性和应用性作业，还有开放性和内敛性，重复性和创造性作业等等。

"数学学习内容我们已知可分为三类：数学知识、数学活动经验和创造性数学活动经验。这三类内容处于不同层次，它们就有相应的彼此关联的三个层次的学习。前一层次的学习是后一层次学习的基础；后一层次的学习是前一层次的发展。新的数学认知结构就是在这三个层次学习的基础上形成的。"因此我们以数学认知结构的变化过程为分类标准，把高中数学作业分为巩固性作业和研究性作业来进行尝试。

巩固性作业通过这一类作业的练习使学生掌握数学知识（原名、公理、数学概念、数学定理、数学公式和法则等），掌握数学活动技能（数学式子的变换技能、解方程和不等式的技能、作图技能、运算技能、使用计算器的技能、论证技能等），逐步使学生的数学活动技能达到"自动化"。

研究性作业研究性作业是一种全新的、开放的作业。研究性课题的提出往往是学生在教师的引导、启发下确定，或直接由学生独立提出的。而完成"课题"的研究通常可以由学生独自进行，也可以由若干个学生（一般是2-4名）在教师的指导下发挥团队力量合作进行的。通过"课题"的研究使学生善于发现问题、解决问题，提高他们的数学方面的能力。

四、高中数学作业形式的探索

新课程教学理念要求体现"自主、合作、探究"，学生的作业形式也会体现新的变化，教师可以探究2高中数学作业新模式。

1. 自选作业

做法：教师按教学单元提供大量的数学巩固性作业，教师只提一个每天完成作业的最低量的要求，让学生自由选择完成。

特色与优势：尊重了学生的选择，改善了作业效果，学生享受到了做作业的主人的快乐。

2. 分层矫正作业

做法：教师在一个教学单元结束时进行"形成性测验"，根据测验结果将学生分成"合格"和"需努力"两个层次。教师提供矫正作业，要求"需努力"的学生独立完成后交给"合格"的学生批改讲评。

特色与优势：班级授课制下学生的学习结果不会整齐划一的，教师不在教学单元开始时将学生进行层次划分，而在教学单元结束时划分。这样做有利于学生在教学单元的学习过程中学会自主选择作业。而矫正作业的分层次要求，有利于形成互帮互助的学习风气，提高学生完成作业的主动性和积极性。

3. 自编"测验"作业

做法：章节结束时教师指导学生自编学习测验，把自编测验当作作业。教师重在指导学生学会章节知识内容的整理，逐步在题型与内容上建立联系。可分工合作编制，也可个体独立编制完成。每次编题后要求学生提交章节知识内容整理、测验卷和考查的知识点等成果。教师取样讲评，学生互评、互测。

特色与优势：发挥了以往考试评价未曾发挥的交流作用；学生在编题过程中学会了知识的归类和整理，在一定程度上模拟了知识的运用过程；编题后的自测，增强了学生的自信心和健康的竞争意识，愉悦身心；学生通过担当评价者的角色，参与了对作业设计和完成结果的评价，提高了他们的自我价值感。

4. 研究性作业

做法：①教师给定范围或专题，学生选题；②学生搜集整理资料；③反馈与修正；④形成作业成果；⑤汇报交流，进行评价。

特色与优势：教师给定范围，学生有更大的选择自由，完成时空跨度大，可以寻求合作伙伴，有创造性，与生活紧密结合，加速了个体的社会化，可以培养学生信息利用等能力。与传统作业比较，探索研究性作业有明显的优势：探索研究性作业往往是综合的专题学习，学生在驾驭专题学习中容易成为学习活动的主人，有利于学生创新思维与能力的培养；作业完成时间较长，作业反馈相应延迟，时空的广阔，有利于提高学生学习的自觉性，提高学生广泛搜集信息的意识和能力；重视从单独完成到合作完成，有利于培养学生的合作精神。

研究性作业是对传统作业的结构性调整，针对传统作业的弊端："问题的提出是课本和教师；数据的提供是课本和教师；解答的外开放性；作业形式单一；作业不鼓励合作；重视结果而不重视过程；对作业的评价是被动评价。"而设计的作业模式。我们借鉴英特尔未来教育理念，为学生提供与学习内容紧密相关的研究课题，学生带着问题，边学习，边研究，提高了数学学习的层次，把自己的研究成果与同学交流、共享，增强了学生学习数学的兴趣和信念，合作意识和创新精神也得到了培养。

为高三学生梳理数学知识迎接高考

1. 函数

函数是历年高考命题的重点，集合、函数的定义域、值域、图像、奇偶性、单调性、周期性、最值、反函数以及具体函数的图象及性质在高考试题中屡见不鲜。因此须注意以下几点：

（1）集合是近代数学中最基本的概念之一，集合观点渗透于中学数学内容的各个方面，所以我们应弄懂集合的概念，掌握集合元素的性质，熟练地进行集合的交、并、补运算．同时，应准确地理解以集合形式出现的数学语言和符号。

（2）函数是中学中最重要的内容之一，主要从定义、图像、性质三方面加以研究。在复习时要全面掌握、透彻理解每一个知识点．为了提高复习质量，我们提出下述几个问题：

①掌握图像变换的常用方法特别注意：凡变换均在自变量上进行。

②求函数的最值是一种重要的题型．要掌握函数最值的求法，特别注意二次函数在定区间上的最值问题以及有些问题可能隐藏范围，因此范围问题是二次函数最值的关键．另外二次分式函数的最值亦应引起注意，它的基本解法是"△"法，当然有一部分可以转化为函数 $f(x) = ax + \dfrac{b}{x}$ $(a, b > 0)$ 的形式，而后与基本不等式相联系，或用函数的单调性求解。

③学会解简单的函数方程，认真对待指数或对数中含参数问题的求解

方法，特别注意对数的真数必须">0"，注意方程求解时的等价性。

2. 三角

三角包括两部分内容：三角函数和两角和与差的三角函数．三角函数主要考查三角函数的性质、图像变换、求函数解析式、最小正周期等。两角和与差的三角函数中公式较多，应在掌握这些公式的内在联系及推导过程的基础上，理解并熟悉这些公式．特别注意以下几个问题：

（1）和、差、倍、半角公式都是用单角的三角函数表示复角（和、差、倍、半角）的三角函数．这就决定了这些公式应用的广泛性，即这些公式可以将三角函数统一成单角的三角函数。

（2）了解公式中角的取值范围，凡使公式中某个三角函数或某个式子失去意义的角，都不适合公式。例如：

$tan(a \pm \beta) = \dfrac{tana \pm tan\beta}{1 \mp tana \cdot tan\beta}$ $(a, \beta, a+\beta \neq k\pi + \dfrac{\pi}{2}, k \in Z)$ 类似还有一些，请自己注意．

（3）掌握公式的正用、反用、变形用及在特定条件下用，它可以提高思维起点，缩短思维线路，从而使运算流畅自然。例如：

$sina \pm cosa = \sqrt{2}sin(a \pm \dfrac{\pi}{4})$；$\dfrac{1+tga}{1 \mp tga} = tg(\dfrac{\pi}{4})$；$1 \pm sin2a = (sina \pm cosa)^2$

$1 + cos2a = 2cos^2 a$；$1 - cos2a = 2sin^2 a$

（4）三角函数式的化简与求值，这是中学数学中重要内容之一，并且与解三角形相结合，有的还与复数的三角形式运算相联系，因此须注意常用方法和技巧：切割化弦、升降幂、和积互化、"1"的互化、辅助元素法等。

3. 不等式

有关不等式的高考试题分布极为广泛，在客观题中主要考查不等式的性质、简单不等式的解法以及均值不等式的初步应用，经常以比较大小、求不等式的解集、求函数的定义域、值域、最值等形式出现。在中档题中，求解不等式与分类讨论相关联；特别是近几年来强调考查逻辑推理能力，增加了一个代数推理题，也和不等式的证明相关联。在压轴题中，无论函数题、还是解析几何题，也往往需要使用不等式的有关知识。在复习中应注意下述几个问题：

（1）掌握比较大小的常用方法：作差、作商、平方作差、图像法。

（2）熟练掌握用均值不等式求最值，必须注意三个条件：一正；二定；三相等．三者缺一不可。

（3）把握解含参数的不等式的注意事项

解含参数的不等式时，首先应注意考察是否需要进行分类讨论。如果遇到下述情况则一般需要讨论：

①在不等式两端乘除一个含参数的式子时，则需讨论这个式子的正、负、零性。

②在求解过程中，需要使用指数函数、对数函数的单调性时，则需对它们的底数进行讨论。

③当解集的边界值含参数时，则需对零值的顺序进行讨论。

4. 数列

本章是高考命题的主体内容之一，应切实进行全面、深入地复习，并在此基础上，突出解决下述几个问题：

（1）等差、等比数列的证明须用定义证明，值得注意的是，若给出一个数列的前 n 项和 S_n，则其通项为 $a_n = \begin{cases} S_1 & (n=1) \\ S_n - S_{n-1} & (n \geq 2,\ n \in N) \end{cases}$

若 $a_1 = S_1$ 满足 $a_1 = S_2 - S_1$ 则通项公式可写成 $a_n = S_n = S_{n-1}$。

（2）数列计算是本章的中心内容，利用等差数列和等比数列的通项公式、前 n 项和公式及其性质熟练地进行计算，是高考命题重点考查的内容。

（3）解答有关数列问题时，经常要运用各种数学思想。善于使用各种数学思想解答数列题，是我们复习应达到的目标。

①函数思想：等差等比数列的通项公式求和公式都可以看作是的函

数，所以等差等比数列的某些问题可以化为函数问题求解。

②分类讨论思想：

用等比数列求和公式应分为 $S_n = \dfrac{a_1(1-q^n)}{1-q}(q \neq 1)$ 及 $S_n = na,(q=1)$；

已知 S_n 求 a_n 时，也要进行分类；

计算 $\lim\limits_{n\to\infty} q^n$ 时，应分为 $q=1$ 时，$\lim\limits_{n\to\infty} q^n = 1$，$|q|<1$ 时，$\lim\limits_{n\to\infty} q^n = 0$；求一般数列的和时还应考虑字母的取值或项数的奇偶性。

④整体思想：在解数列问题时，应注意摆脱呆板使用公式求解的思维定式，运用整体思想求解。

（4）在解答有关的数列应用题时，要认真地进行分析，将实际问题抽象化，转化为数学问题，再利用有关数列知识和方法来解决。解答此类应用题是数学能力的综合运用，绝不是简单地模仿和套用所能完成的，特别注意与年份有关的等比数列的第几项不要弄错。

5. 复数

高考试题中有关复数的题目的内容比较分散，有的是考查复数概念的，有的是考查复数运算的，有的是考查复数几何意义的。并且每个题目都有一定的综合性，即使是一个简单的客观题也包括3—4个知识点。从1994年以来复数题主要分布在客观题及中档解答题中。因此，我们应扎扎实实地全面复习基础知识及基本解题方法．在复习过程中应注意下述几个问题：

（1）对复数的有关概念的理解要准确，不能似是而非，否则在解题过程中就会发生错误。如：在实数范围内适用的幂的运算法则 $(a^m)^n = a^{mn}$（$m,n \in R, a \in R^+$），在复数集内不在适用，纯虚数的概念等。

（2）要掌握复数的模及辐角主值的最值的求法。求复数的模的最值的常用方法有：把复数化成三角形式，转求三角函数的最值问题（三角法）；利用复数的代数形式，转求代数函数的最值问题（代数法）；利用复数的几何意义，转成复平面上的几何问题（图像法）；利用 $|z|^2 = z\bar{z}$ 或 $||z_1| - |z_2|| \leq |z_1 + z_2| \leq |z_1| + |z_2|$ 求有关复数的辐角或

辐角主值的最值的主要方法有几何法和三角法。

（3）要掌握在复数集中解一元二次方程和二项方程的方法：所有一元二次方程均可用求根公式求方程的根，并且韦达定理也成立，只有实系数一元二次方程可用判断方程根的情况，复系数一元二次方程只能利用复数相等的条件化为方程组求解。

（4）由于复数知识与中学数学中许多内容有着密切联系，这就提供了复数与实数、复数与三角函数、复数与几何的双向转化的基础，因此复习复数内容时是培养我们转化思想的极好机会。

6. 立体几何

（1）"直线和平面"这一章的内容是立体几何的基础。在复习时要反复梳理知识系统，掌握每个概念的本质属性，理解每个判断定理和性质定理的前提条件和结论。

（2）在研究线线、线面、面面的位置关系时，主要是研究平行和垂直关系．其研究方法是采取转化的方法。

（3）三垂线定理及其逆定理是立体几何中应用非常广泛的定理，只要题设条件中有直线和平面垂直时，就往往需要使用三垂线定理及其逆定理。每年高考试题都要考查这个定理。三垂线定理及其逆定理主要用于证明垂直关系与空间图形的度量。如：证明异面直线垂直，确定二面角的平面角，确定点到直线的垂线。

（4）在解答立体几何的有关问题时，应注意使用转化的思想：

①利用构造矩形、直角三角形、直角梯形将有关棱柱、棱锥、棱台的问题转化成平面图形去解决。

②利用轴截面将旋转体的有关问题转化成平面图形去解决。

③将空间图形展开是将立体几何问题转化成为平面图形问题的一种常用方法。

④由于台体是用一个平行于锥体底面的平面截得的几何体，因此有些台体的问题，常常转化成截得这个台体的锥体中去解决。

⑤利用割补法把不规则的图形转化成规则图形，把复杂图形转化成简

单图形。

⑥利用三棱锥体积的自等性,将求点到平面的距离等问题转化成求三棱锥的高。

(5)立体几何解答题一般包括"作、证、求"三个步骤,缺一不可,在证明中使用定理时,定理的条件必须写全,特别是比较明显的"线在面内","两直线相交"等必须交代清楚。

6. 平面解析几何

有关直线方程的高考试题可分成两部分,一部分是独立成题,多出在客观题中,并且每年只有一个题,难度属于基本题.考查内容除了对称问题,求直线的倾斜角及斜率外,还出现求直线方程,两条直线平行或垂直的充要条件等。另一部分是在解析几何综合题出现,例如在圆锥曲线中往往涉及和直线的位置关系,此种情况下一般都使用直线的斜截式或点斜式。因此,我们在复习时须加强基本概念和基本方法的复习。

(1)注意防止由于"零截距"和"无斜率"造成丢解

(2)要学会变形使用两点间距离公式 $d = \sqrt{(x_2 - x_1)^2 + (y_2 - y_1)^2}$,当已知直线 l 的斜率 k 时,公式变形为 $d = \sqrt{1+k^2}|x_2 - x_1|$ 或 $d = \sqrt{1+\frac{1}{k^2}}|y_2 - y_1|$;当已知直线的倾斜角 a 时,还可以得到 $d = |x_2 - x_1| \cdot |\sec a|$ 或 $d = |y_2 - y_1| \cdot |\csc a|$

(3)灵活使用定比分点公式,可以简化运算

(4)会在任何条件下求出直线方程

(5)注重运用数形结合思想研究平面图形的性质

高考试题中的解析几何的分布特点是除在客观题中有4个题目外,就是在解答题中有一个压轴题,也就是解析几何没有中档题,且解析几何压轴题所考查的内容是求轨迹问题、直线和圆锥曲线的位置关系、关于圆锥曲线的最值问题等。其中最重要的是直线与圆锥曲线的位置关系。在复习过程中要注意下述几个问题:

（1）在解答有关圆锥曲线问题时，首先要考虑圆锥曲线焦点的位置，对于抛物线还应同时注意开口方向，这是减少或避免错误的一个关键。

（2）在考查直线和圆锥曲线的位置关系或两圆锥曲线的位置关系时，可以利用方程组消元后得到二次方程，用判别式进行判断。但对直线与抛物线的对称轴平行时，直线与双曲线的渐近线平行时，不能使用判别式，为避免繁琐运算并准确判断特殊情况，可以使用数形结合思想，画出方程所表示的曲线，通过图形求解。

（3）求圆锥曲线方程通常使用待定系数法，若能据条件发现符合圆锥曲线定义时，则用定义求圆锥曲线方程非常简捷。在处理与圆锥曲线的焦点、准线有关问题，也可反用圆锥曲线定义简化运算或证明过程。

（4）在解与焦点三角形（椭圆、双曲线上任一点与两焦点构成的三角形称为焦点三角形）有关的命题时，一般需使用正余弦定理、和分比定理及圆锥曲线定义。

（5）要熟练掌握一元二次方程根的判别式和韦达定理在求弦长、中点弦、定比分点弦、弦对定点张直角等方面的应用。

（6）求动点轨迹方程是解析几何的重点内容之一，它是各种知识的综合运用，具有较大的灵活性，求动点轨迹方程的实质是将"曲线"化成"方程"，将"形"化成"数"，使我们通过对方程的研究来认识曲线的性质。求动点轨迹方程的常用方法有：直接法、定义法、几何法、代入转移法、参数法、交轨法等，解题时，注意求轨迹的步骤：建系、设点、列式、化简、确定点的范围。

（7）参数方程和极坐标的内容，请大家熟练掌握公式，后用化归的思想转化到普通方程即可求解。

第二篇

| 教研篇 |

2009年，我走上教研员工作岗位。作为岗位上一名新兵，一切从零做起。随着工作的不断深入，我愈来愈感到教研工作的重要，自己身上责任的重大。教研员的本身素养，工作意识，工作方式都需要不断的丰富和改进。作为区级教研员，在实施教委的教学工作计划的同时，应关注学校实施中可能出现的问题，不同层次学校在实施中可能遇到不同的问题。教研员应将问题作及时研究，并将共性的问题及时做出总结和反应。为教学计划的调整当好参谋，并能提供可靠的依据或提供例证，引领区域教研不断发展。象教科研中心彭玉良院长讲的那样，一个教研员要带好学校内的几名骨干，每名骨干要带好身边的几名教师，形成"1＋n，n＋n"的发展模式，使区域教育教学能力不断提高。

本篇根据自己几年来的教研工作经历，将一些教研工作经验和学习心得做一些整理，和同行们一起分享，期待教研路上共同提高。

教研员工作的理解与思考

2009年，我应聘到怀柔教科研中心担任高中数学教研员。虽然从事高中数学教学已经有十八个年头，但对于高中数学教研工作，应该说自己还是从零开始。对于一个基层工作的教研员来说，教研员应该具备哪些素养、教研员的工作内容有哪些，应该进行怎样的工作方式等，我理解的都不是十分充分。通过一年来的摸爬滚打，尤其是通过基教研中心组织的培训学习，我对教研员的岗位要求开始有了自己的认识，对于一个基层工作的新教研员来说，对"今天怎样做教研员"有自己的一些理解和思考。

（一）教研员在教育具体实施中的作用

在新的课改时期，面对新的挑战，教研员必须兼具教育管理和教师的双重角色。

教研员要研究并贯彻执行国家有关教育的方针，并对教育决策实施过程中出现的新情况和新问题进行及时的研究总结，为教育决策的调整提供可靠的依据；对成功的教育决策要进行分析和论证。

作为区级教研员，在实施教委的教学工作计划的同时，应关注学校实施中可能出现的问题。不同层次学校在实施中可能遇到不同的问题。教研员应将问题作及时研究，并将共性的问题及时做出总结和反应。为教学计划的调整当好参谋，并能提供可靠的依据或提供例证。

在实际工作中，教研员对学校执行国家课程计划、课程标准和教材使用、教学检测等情况进行有效监督，对学科教学的全过程进行有效的指导和管理，对学科教学质量、考试检测的内容和方式进行研究、监控和指导。教研员不但要参与有关的教学计划与决策，更应该在决策的实施过程中把好关。

我们国家现在是"三级课程"，怎么把"三级课程"融入到学校当中进行具体实施，教研员同样需要做好策划、论述、研究和指导工作。比如对于国家课程，是国家对课程限定的最基础水平，是一个底线，学校必须做到。作为教研员，需要拥有对整体课程的设计和论证的发言权。

教研员对国家课程标准不仅限于做好传达和解释工作，还必须要研究课程标准出台的背景和途径，同时通过自己的研究提高不同层次学校对课程的理解，这实际也是一个创作的过程。一个教研员如果没有课程意识，不知道课程是如何建构的，那么就很难理解课程到底是怎么一回事，学校到底应该怎样开展课程。在新课程理念下，教研员不能仅仅当新课程、新理念的"搬运工"，而要有自己的思想、自己的思考，有超越课程的专业意识，是理论指导的服务员。

基于教研员在教育实施中的作用，要求教研员要具有过硬的政治素质，忠诚人民的教育事业。良好的思想道德素质和职业道德素质，甘当教师的"人梯"，善于发挥"群体优势"，工作有主见、能创新，能全面、客观、正确地认识教研工作的功能与价值，具有锐意改革和进取的精神，才能真正发挥教研员的岗位作用。

（二）研究是教研员工作的主旋律

教学研究是教研员的主要工作职责。教研员要认真学习现代教育教学理论，不断拓宽教学研究视野，丰富研究内容，努力提高教研水平和能力，使自己成为学者型、研究型的教研工作者；要从大面积提高教学质量和教师的教学水平出发，组织广大教师开展教学研究，促进教师专业发展，培养造就一支适应新世纪教育改革和发展需要的高素质教师队伍。

（1）教研员要具备研究的基本素质

教研员要具有研究能力首先应善于学习。学习什么？向谁学习？一是自学，就是向文本学习，学习教育心理学理论、教学设计理论、学习文献资料，接受先进理念，更新自身观念；二是主动向教师学习，就是从教育实践中学习，学习优秀的教学方法，学习成功的教学经验。

　　教研员要勤于研究。研究什么？研究课程，研究教师，研究课堂。研究如何实现课程的有效整合；研究如何将教材内化为教案、教案转化为教学，在课堂上做到教学与学习活动的有机结合。立足当前教育教学的现实，抓住当前教育的热点、难点，做深文章，做好文章，从而实现提高教学质量、促进教师成长的自身价值。

　　教研员的教学研究、指导职能必须面向教师、学生、学校，甚至家庭。同时还要扩大服务内容，提供课程开发研究、教育科研、教师专业成长指导等全面的教育服务。教研员必须将自己的实践与广大教师、学生、学校等密切联系。

　　（2）基层工作要做好课堂教学的研究

　　新课改对教师提出了新的挑战。面对教师教学方式和学生学习方式的改变，广大教师需要再学习、再培训、再提高。教研员是老师的老师，在学科教学中要有专业引领，而专业引领又必须融合在基层的教学实践中。新课程的改革过程是一个科学的民主共建的过程，而不是按照专家设计的图纸进行施工的过程。教学方式、学习方式到底怎么改，专家没有给出现成的答案，实践中也没有可供遵循的模式，实践中遇到的问题要靠广大教研员和一线教师在实践中并肩探索和解决。在这个过程中，教研员作为课改共同体的一分子，应带着疑问、困惑和理性先行，将专业引领有机地融合在基层实践中。实施新课程，推进素质教育，要求重视学生素质和能力的发展。我们的课堂教学要发展学生的学科能力，影响学生学科能力构成的心理要素有三个方面：个体的学科知识、问题情境经验、个性化的思维及心理操作。科学培养学生的学科能力，就必须按照不同学科的各自特点，将这三个方面心理要素纳入教学视野。教学实践中，通过学生学科能力的分析，帮助教师们感受学情的，使自己的教育教学反思有科学的指导。

　　如何对学生学科能力的培养现状取得客观的分析，对教学存在的问题给出准确的诊断，便于学校有针对性地调整教学，是教研员对学校教学研究的一个永久课题。

（3）教研员要研究学校的教研活动

对课堂教学的研究是教学研究的主渠道，也是教研员研究的主渠道。首先要研究教师的教，其次要研究学生的学，再次是研究课堂教学的过程，最后要研究课堂教学评价。这四种研究概括起来，就是研究课堂教学的形态，研究教与学的关系，研究课堂教学的本质属性。

教研员的实践活动园地就在学校，教研员要做好学校公开课、汇报课、研究课、竞赛课的策划和评价的服务工作。

现在各所学校为了促进教师的专业发展，在课堂教学上动了很多脑筋。公开课、汇报课、研究课、竞赛课大家都在搞，但是到底怎么搞，搞得效果怎么样，需要教研员的专业引领与指导。

教研员要有解剖教师教研活动的能力。不能上完课大家谈谈感受，走走过场，基本上都是说优点，轻描淡写地也说不足，"在某方面最好加强一些"，怎么加强，要说清楚。教研员要对整个教研活动引发教研的理性思考。

作为教研员，还应该根据不同性质的学校、不同的发展层次，设计出不同的教研、培训主题、内容和形式，来满足学校的教研需要。要把学习和交流作为专业生存的支撑，由以教材教法为中心的文本教研转向以研教和研学为中心的课程教研。

（4）教研员要做好试题评价的研究

考试是教学的一个重要部分，这谁也不能否认。但是我们怎样在考试中实现新课程所追求的培养目标，这就要求我们在命题时，必须聚焦新课程的理念，设计出旨在促进学生综合素质提高、可持续发展的试题。有些学校在平时的考试中，对这方面不是太重视，或者说是没有认识那么深刻，需要我们教研员及时对他们进行点拨、引导。

依据教育的价值追求，确立"能力立意"的命题思想，选择合适的、敏感的学科能力心理要素来设置试题，给每个学生都有展示自身发展的机会,才能有效地实施检测和评价,促进学生个性发展。学生学科能力的三个方面心理要素,在客观上存在一定的差异性,考试命题应该有利于所有学生充分展现其学科能力。立足于对学科能力可持续发展因素的全面、均衡地考查。

对考试命题的研究工作,也要防止教研员异化为应对应试教育的"考研员",时刻注意我们的职能不光是编写习题集、模拟试卷,不能走回"应试"思维下的老路。

教研员只有不断探索、深入研究,掌握丰厚的教育教学理论,拥有丰富的教学实践经验,才能为教师教学理论提供先导,才能为教师教学实践给予指导,研究是教研员工作的主旋律。

(三)教研员应是服务对象的平等的合作者

教研员要经常性地深入学校、深入教师、深入课堂进行认真细致的调查研究,了解教学现状,感受教改情景,并通过总结经验,发现问题,寻求改革和发展的对策,提高教研工作的针对性和教学指导的实效性。在教学视导过程中,教研员要亲自给教师作教学辅导报告,必要时还要给教师上示范课,帮助教师提高教学业务能力。

教研员的实践活动园地就在学校,要深入一线解决实际问题。树立服务意识、发扬民主作风,面向基层,融入课堂,使自己的双脚踏在实践的土壤上。要走近一线教师,倾听他们的困惑,发掘和解决现实的问题。专业引领要到位,但不能越位,与基层学校和一线教师建立合作伙伴关系,共同打造专业学习、学术交流、教学实践、教学管理的共同体。

教研员的工作也是服务,从本质上决定了教研员不是命令式地、硬性地规范人的行为,教研员是为学校和教师服务的,首先需要了解教师的想法与期望;其次需要研究教师为什么会有这些思想。然后作为教研员应该以什么态度与能力来满足教师的需要。这就意味着教研员与服务对象主体之间是平等的合作关系,而不是上下级的行政关系。教研员不是教师爷,不是绝对权威,教研员不能主导课堂设计;教研员不是主人,只是参谋,尊重教师等主体的实践和需要应是教研员的基本态度。

教研员的角色是"伯乐",是"人梯"是为教师的业务发展提供指导与服务,并发现他们的教学经验,为这些经验的展示、辐射与提升创设机会和平台,使之成为区域的共享资源。这就需要教研员不断地拓展自己的学术视野,需要对教师教学经验的推广价值有敏锐的判断力和提升力,能够通过不断加强修养来提高自己的人格魅力,提高自己的专业水平,来影响更多的教师。

有人说我们教研员的工作是"为他人作嫁衣裳",但我觉得通过我们的努力,学校教学质量显著提升,教师的教学能力大幅度提高,正是我们教研员工作价值的体现。"授人玫瑰,手留余香",我们的服务能满足对象的需求,也是我们教研员的享受。看到学校对我们的热切期盼,看到教师对我们的尊重与依赖,我们将以更大的热情投身到教研工作中。

提高高三数学备考的实效性

——上好数学试卷讲评课

整个高三阶段教学内容多、时间紧。各教学模块检测和试卷讲评也相应增多,数学试卷讲评课是高三课堂教学的重要课型。上好数学试卷讲评课,对于扬优补缺,规范与开阔解题思路,提高学生解决数学问题的能力,培养学生的创新意识以及贯彻新课改的教学理念等方面都有着重要意义。每次讲评试卷要让学生学会纠正错误、分析得失、找出差距、提炼概括并有所提高,试卷讲评课的优劣影响高三复习的效果,这就对试卷讲评课提出了严格的要求。为提高高三数学备考实效性,要求教师要上好数学讲评课,要注意以下几个环节:

一、对试卷讲评课充分认识环节

许多教师对试卷讲评课的重要性认识不够,认为考试后正好是一个休息阶段,讲评课只是帮学生订正一下答案,改一改错题,也不用急于备课了,学生也往往认为不用学习新知识了,考了试就是前一段学习告一段落,殊不知讲评课是高三教学的重要环节。试卷需要很好的讲评,讲什么、怎么讲,这能够反映出一个教师教学素养的高低。同时也要让学生认识到试卷的讲评课不只是做题,听懂一套卷子的试题,而是要从中学到更好的东西。我认为第一要讲题意、讲思路、讲方法、讲错因,其最大好处就是让学生了解了解题的过程,学会审题、解题、辩题的技能。往往一些学生审题不清，要学会解题首先要学会审题，而要学会审题就要弄清题意，明白出题者的深层用意或者说要考查的知识点。当然在审题时也要增强阅读能力，找准关键字，正确理解题意，要做到"审题要慢，做题要快"。要注意到出题人是把教材中的知识结论加工向前走了几步，同学们在解题思考时就要把题往后拉，看和那个模型一样。通过试卷讲评能让学生对知识结构有一个整体把握，对自己的学习有一个清醒的认识，能起到查缺补漏的作用，从而提高自己的学习能力。师生对讲评课有一充分的认识，才能真正上好试卷讲评课。

二、精心准备环节：

好的试卷讲评课要求教师更应充分备课。在试卷讲评之前，教师首先要对试卷进行认真全面的分析，明确学生基础知识以及能力上的缺陷，了解学生的基本情况，然后进行归纳总结，归类讲解。既然要练习，练完就得评，要评就得评好，考试后应做大量的统计工作，比如选择题，每一小题的错误率是多少，哪些题的错误较多。再如，对于主观性题目，分别统计出每一小题的得分量，然后再分析学生错误的原因，以便了解学生知识和能力的缺陷及教师在教学中存在的问题。只有在教与学双方彼此了解的前提下，试卷讲评课才会更具针对性和实效性。目前，我区高中校都可以用考试分析系统，通过系统阅卷，对知识结构明细，考试作答正确率、难度、信度、区分度都有统计，教师首先要通过阅卷分析系统对考试有一个全面的了解。

试卷发下去后，要给学生一定的时间订正，自查存在的问题及原因。要求学生做到在教师讲评试卷之前，明确自己出错的原因及易出错的知识点。

教师对待试卷讲评课要讲究讲授的方法，讲评时要创设变式，培养学生思维的灵活性。所谓"变式"就是保持问题的本质属性，不断地改变其组合形式。变式的过程就是思维的过程，讲评试卷本身也应体现这一点，特别是一题多变和一题多解，它可以使本来枯燥无味的数学充满灵活性和趣味性,可让学生从不同角度,不同方向去思考,消除传统讲评课的不足,培养学生思维的灵活性,从而提高试卷讲评课的效果。一题多变,即教师对试题本身进行思考,一般在每评讲完一道题之后,向学生提出几个问题或让学生自己提出变式,能否推广,引导学生掌握解题一般规律与方法,触类旁通,提高学生的应变能力。

三、讲评课要注意课堂小结环节

老师无论在讲评前后还是在讲评过程当中都要注重花上一定的时间和精力与学生进行思维和情感上的交流。对于成绩好、进步快的学生要提出表扬,鼓励其戒骄戒躁,再接再厉,而对于成绩考得不理想的学生,在讲评试卷过程中,要尽量用鼓励性的语言激励他们,让他们认识到学习上存在的不足,帮助他们找到适合自己的学习方法,重拾信心,获取学习的动力与乐趣,努力提高学习成绩,切忌出现"这道题我都讲过好几遍了,你们怎么还不会?"等语言挖苦、训斥学生。另外,对学生的答卷优点,如:卷面整洁,解题规范,解法有独到之处等优点,讲解时可加以肯定与表扬,同时将试卷中出现的好的解题思路、方法通过投影展示于课堂,也可由学生进行讲解。讲评课要以赞扬、肯定学生为主基调,引导鼓励学生以个人的发展为参照,自己和自己比较,关注自己的努力和进步情况,做到胜不骄,败不馁。

四、讲评课要注意巩固、反馈环节

讲课的结束,并不是试卷评讲的终结,教师应因势利导不断扩大"战果",有针对性布置一定量的作业,作业的来源可对某些试题进行多角度的改造,使旧题变新题,讲评课课外作业的布置,有利于学生巩固,提高,利于反馈教学信息。

讲评课后更重要的工作是要求学生把错误整理归类,要求学生找出每一道错题与相应知识点联系,分析错误产生原因,写出该题的正确解法。举出同类型的题目进行强化训练,同时注意总结类型题的解题规律,把握通性通法。最后要求学生时常翻看，做到温故而知新。讲评完试题一定要引导学生反思，反思内容，反思方法，反思技巧，升华讲评的效果，作为老师则要注意帮助全班学生做好试卷反思与总结。

老师及时依据试卷讲评的反馈情况以及每个知识模块中学生比较容易犯错的问题，再精心设计一份针对性练习题，根据学生实际原创一些类似的题目，作为讲评后的矫正补偿练习。帮助学生融会贯通。对学生进一步自主学习应该更有帮助。

数学讲评课最重要的是师生总结方法，数学学科出题人往往渗透了好些类思维方法，所以培养学生的思维能力是贯穿数学教学全过程的首要任务，因此讲解方法是关键。讲评的过程要突出数学方法，要把思想方法放植入题目中去讲解，寓方法于讲评中，依据题目类型的不同，恰如其分地渗入科学的数学方法。有些试题有好几种解法，应通过讲评予以展示，也可以让学生自己展示其解法，已达到互动提高课堂效果。像选择题，可能有多种方法，而是重在思路的分析和解法的对比，总结其不同的特点，从中揭示最简或最佳的解法。一般说来，知识点错误最多的题目是试卷讲评的重点，要对典型错例进行分析、讲评。有启发性的，要重点讲评。在讲评试卷时，有些题可以"蜻蜓点水"，有些则要"浓墨重彩"。对重、难点知识、能力要求较高的要适当"照顾"；对出错率较高的要"对症下药"。

评析试卷是在学生已有知识基础上进行的教学活动，教师要用启发性的语言和问题，引导学生展开联想，积极思考，探求创新的解法，可以让学生在课堂上说说自己对题目的想法，让其他学生纠正，总结好的方法，以培养学生举一反三的能力。

总之，老师在讲评试题的过程中要力求精细讲解、重点分析，抓住典型的错例，展开讲解，择其要点加以点拨，将其充分放大予以消化。另外要充分启发学生进行思考探索与反思，对重要的解题思维和方法进行有效的归纳与训练，以便提升能力。只有这样，才能达到事半功倍的效果，才能提高高三数学试卷讲评课的有效性。

在教研中成长　在教研中提升

为了更好地开展区域教研、校际间的交流与沟通，最终达到资源共享、共同提高的目的。本学期，高中数学教研组在领导的支持下，经过各级专家的指导，教研组成员充分发挥集体智慧，互帮互助，开展了卓有成效的教研活动。

一、理清思路，确定目标。

教研组在开学伊始，教研骨干就坐到了一起，研究了教研组活动的开展思路，活动的内容和形式。经过大家的集思广益，结合我中心教研工作的实际，最后确定了本学期的具体工作思路：以"提高课堂时效性"为工作主线，带动课题研究，锤炼教师队伍；以课堂教学为工作重点，夯实基础，提高质量；以课题研究为突破口，促进课堂教学改革。为了调动全体教师参与教研活动的积极性，强化教研活动的内容和质量，在活动形式上，集中与分散相结合；在活动内容上，理论学习与教学实践相结合；在活动主体上，骨干教师引路与青年教师练功相结合。为了让活动能够尽量开展得扎实有效，教研组分工明确、责任到人。

二、扎实开展，稳步推进。

"提高课堂时效性"在本学期的具体工作内容、目标和措施为：

（一）学习探索阶段。9月份，中心成立了一中、二中两个模式研究小组，组织各校教师查找各种教学模式，学习领悟课堂时效性精神实质、实施"提高课堂时效性"的方法、途径。举行学习、交流活动。

我们收获了很多，比如：1. 与建构主义学习理论以及建构主义学习环境相适应的教学模式为：以学生为中心，在整个教学过程中由教师起组织者、指导者、帮助者和促进者的作用，利用情境、协作、会话等学习环境要素充分发挥学生的主动性、积极性和首创精神，最终达到使学生有效地实现对当前所学知识的意义建构的目的。2. 魏书生的"定向、自学、讨论、答题、自测、日结"的"六步教学法"。3. 杜郎口中学的"三、三、六"自主学习模式。为了让学生能够在课堂上有信心、有能力进行充分展示，杜郎口中学将预习环节搬到了课堂上，开设了"预习课"。为了关注不同层次学生的发展需求，使每个学生在原有水平上得到提高，巩固"展示课"的成果，学校开设了"反馈课"。利用反馈对学生进行分类指导，特别是对学习有困难的学生进行个别帮助，充分利用"兵教兵"、"兵练兵"、"兵强兵"，有针对性地让优生吃饱，差生吃了，实现"双兵互赢"的目的。课堂展示六环节：预习交流、明确目标、分组合作、展现提升、穿插巩固、达标测评。

分为四类课型：①基础课"创设思维意境—积累感性经验—抽象概括结论—应用原理解决问题"；②迁移课"思维再现—模仿学习—练习巩固—形成技能"；③转化课"准备练习—尝试题引路，自学课本—尝试练习，组织讨论—教师讲解—巩固练习—课堂评估总结"；④训练课"激情学标—基本训练—变式训练—综合训练—创造训练"。教师面对不同的教学内容，应该选用不同的教学方法和策略，这才是真正的因材施教。那种一个模式全部覆盖的思想是不符合客观问题解决的，唯有不变的是以生为本。数学教研组组长将带领全体数学老师认真学习这些模式和程序，把它应用到我们的课堂教学，使课堂教学发生较大的进步。

（二）研究实施阶段。开展"听课观摩——自我反思——切磋交流——专业引领——集中反馈"活动，各研究小组要分别召开研讨会，各小组教师代表以作课为载体，通过说、讲等形式，反复地将自己的模式呈现给研究小组的每个成员，还要采取座谈等形式征求建议，最后定型为试行稿,让师生度过一个生成、渐进、升华的过程。聘请首都师范大学专家连四清、方运加、张燕琴等深入学校教学一线与教师零距离接触,引导教师在熟练掌握并运用学科模式流程的基础上,彰显自己的个性和教学特色。

现在的课堂已经呈现出学生敢于质疑,勇于探索,主动参与,师生互动,生生互动,共创成功的活跃场景。

(三)锤炼队伍,提高素质。具体措施:一是组织演讲答辩竞赛,促活学活用现代教育理论;二是深入课堂指导教学,使其创建的模式与课堂教学和谐统一;三是指导撰写论文,提高写作水平。与此同时,从区级名师精心挑选素质较高的骨干教师作为市级名师培养对象。从本学期开始,教研组制定并实施培养方案,继续对青年教师进行跟踪培养,定期组织集中培训活动。教研活动的主持人一般应由五年以上教龄的骨干教师担任。他们具有一定的文化水平和学识基础,具有一定的教育教学实践经验,具有一定的分析问题和解决问题的能力,由他们引路,负责传、帮、带,效果会更为明显。

对于青年教师"压担子",鼓励他们争做科研型的教师,积极参与课堂教学改革,参与学科教学的教研教改活动,把上好"三门课"作为步入名师的"三步曲",即"推门课"(事先不打招呼随时进入教室听课)、"开门课"(组织全体教师观摩)、"出门课"("开门课"中涌现出来的教学能手,推荐其参加区、市级的教学竞赛)。通过教学竞赛等环节,产生"名师",并给以相应的荣誉奖励,以激发青年教师积极参与教研活动的热情。

同时,在教师的展示和研讨过程中,其好的、成功的一面也可为大家所借鉴和推广,不足之处也能够得到改进和完善,最终达到以研促教、共同提高的目的。

三、积极反思,不断改进。

有人说,教师的专业成长等于经验+反思。中心教研组的工作要想得到改善与提高,也同样离不开反思。我们教研组每月活动结束之后,都会召集主要成员对前段工作予以总结、反思。当然,这时候我们会邀请相关的领导和专家到场，一方面他们可以把关定向，另外也能够促使我们的总结更全面、反思更到位、改进更彻底。像我们开始所搞的活动中，只想到能让教师们参与其中，能够解决一个或几个具体的问题，能使教师们感觉到不虚此行就可以了。但在总结、反思的过程中，经过领导和专家的诊断、指导，我们先后对此前的一些做法进行了修正和改进，并收到了显著的效果。比如说：

1. 开始我们的活动只限授课年级的教师参加，后来改为让所有的任教学科教师都参与进来，这样既增加了教研的受益面，也使得教研的内容更丰富，过程更精彩，结果更有效。

2. 原来活动之前，只是通知各校每次活动的时间、地点和学科，后来才改为提前通知授课内容，这样能够让教师准备的更加充分，从而提高教研的活动质量。

3. 教研活动由原来的"问题化"改进为教研活动"专题化"。其实教研专题化说起来容易，做起来确实存在相当大的难度。首先，需要教师具有一定的理论积淀（教师的理论可通过多种渠道获得：自我充电、专业引领、同伴互助），否则的话，教研过程中无法上升到理论层面，只能是就课论课，充其量陷入"问题化"之中。其次，要求教师树立良好的问题意识，平时能够注重对问题的搜集与整理，这样在教研过程中才能够有疑而研，才能使教研更有针对性和实效性。再次，要求教师要勇于实践，勤于反思，善于研究，在实践中积累，在反思中改进，在研究中提高。要设法让反思成为教师的一种习惯，让研究形成一种风气，长期坚持下来，会有意想不到的收获。

如果具备了上述几个条件，教研工作自然会水到渠成。每次研讨过程中，教师们的准备都很充分，既能够围绕专题来发表见解，而且有一定的理论作支撑，基本上形成了"想说、敢说、会说"的局面。

以上是我们教研所开展的教研活动中的一些做法。"学无止境、教无止境、研无止境"。今后我们教研组会继续扎实有效地开展加强教研工作，争取早日使教研组的工作走向正轨，推进课程改革向更深发展。

研读《高考试题分析》
——抓住与命题专家对话的机会

教科研中心于 2012 年开始聘请北京教育考试院高考分析小组专家，针对我区高考情况进行分析。专家的分析主要有有两大重点：一是"总体评价"，二是"试题分析"。通过两年的分析诊断，实际上帮助了我们教研员和一线教师学会了更好的研读《高考试题分析》，备战高考。

命题专家命题的思维轨迹是什么样的？命题研究评价专家是如何分析、归纳命题专家的命题原则的？命题专家和评价专家在高考检测方向、检测目标、检测方法是如何表述的？命题专家、评价专家对考生的复习有什么建议和期待？

上面的这些问题在《高考试题分析》说的清清楚楚、明明白白。

研读《高考试题分析》是一次与命题专家、评价专家对话的机会。

研读《高考试题分析》有两大重点：一是"总体评价"，二是"试题分析"。一线教师往往关注"试题分析"，实际上更应该关注如何研读各学科高考试题的"总体评价"。《高考试题分析》无论哪一种版本，每个学科在试题分析前都有一篇"总体评价"，不同版本在叫法上不同，但内容趋同。

我们经常用"只见树木，不见森林"一词指出当前考生的复习只知道做题，进入了题海，而不能站在高处纵观一下大海。什么是"树木"——题！一道一道的练习题、模拟题！什么是"森林"——那就是总体评价。考生拿到这本书以后，不要急于看一道一道的试题分析。要首先认真研读各学科试题分析前面"总体评价"。

以数学学科的总体评价为例：

一、清楚地表述了高考数学的检测目标，检测方向：

"试卷立足基础，坚持重点内容重点考查，突出考查数学思想方法，以能力立意为核心，注重考查考生运用所学知识分析问题、解决问题的能力和探究能力。"

二、清楚表述了高考数学命题的一个重要原则：

"各种题型起点低，入手容易，多数试题源于教材，属于常规试题，强调对基础知识、基础技能和基本方法的考查。"

高考命题是"在知识的交汇点上设计试题，考查知识之间的内在联系。"

三、以北京版物理学科为例：高度概括了去年高考试题的特点，总结了物理试卷（其实就是命题）特点：

1. 注重基础知识、基本技能的考查，注重主干知识的考查；
2. 注重能力的分层考查，注重应用能力、探究能力的考查；
3. 注重物理方法、科学素养的考查；
4. 注重联系实际，体现 STSE（科学、技术、社会、环境）教育；

多少个"注重"呀！这些"注重"不就是命题方向吗？

四、在"总体评价"中都能找出数据统计：

"总体评价"中都能找出数据统计，帮助考生，特别是教师对本学科高考试题的走向、难度控制有一个定量的认识，学生要认真看一看这些数据，教师更是要深入研究一下这些数据，从中体会高考试卷，试题的难度走向。

五、全国版的数学、外语有两个内容更是让人称道：

一是外语的"试卷中各部分的设计"——命题专家向考生介绍了试卷各部分是如何设计的？

二是数学的"对数学与复习的建议"——这是命题专家对考生的复

习指导。

这是高度的透明与指导，考生会从中领悟到许多珍品。

总之，拿到这本书后要一科一科事先研读"总体评价"——先见"森林"，再研究"树木"。要把研读《考试说明》和研读《试题分析》有机地结合在一起，最终从客观上搞清楚三个问题：

高考考什么——考试内容；

高考怎么考——试题的题型；

高考考多难——高考试卷、高考试题的难度。

我们一线教师和学生应该同时关注"总体评价"和"试题分析"，在高考复习中抓住与命题专家对话的机会，才能做到"既见树木，又见森林"。

2013年怀柔区高考数学（理科）备考方案

一、课程标准对教材的要求

1. 函数与导数

（1）"掌握判断一些简单函数的奇偶性的方法"调整为："结合具体函数，了解函数奇偶性的含义"。

（2）"了解反函数的概念及互为反函数的函数图像间的关系，会求一些简单的反函数"调整为："了解指数函数与对数函数互为反函数"。

2. 数列

淡化与不等式的结合

3. 不等式

课时有所减少。

（1）删除了不等式的证明？

（2）把"掌握简单不等式的解法"降低为"会解一元二次不等式"。

4. 三角函数

课时有所减少。

5. 立体几何

增加了三视图，空间向量与立体几何，文理科要求有明显差距。

6. 解析几何与平面向量

淡化双曲线，注重向量的工具性。

7. 概率统计与计数原理

二、重视数学思想方法的培养

中学阶段主要数学思想有——化归与转化，函数与方程，数形结合，分类讨论与整合，另外，算法思想，用样本估计总体、最小二乘法、独立性检验的推断原理和假设检验等思想也需要关注！

三、把握高考方向，引领复习思路

第一阶段：巩固双基，构建知识网络

1. 强化运算"四性"提高运算能力

(1) 强化运算的合理性

(2) 强化运算的准确性

(3) 强化运算的熟练性

(4) 强化运算的简捷性

2. "懂、会、对、快、好"全面要求，全面训练。（五字方针）

3. 审题谨慎、设计周密、推理严密、计算准确、表述清楚、检验有效，各个环节，应对有略。

4. 技术矫正，规范化提醒。（"一准，二快，三规范"）

第二阶段：专题训练体会数学思想方法的应用

1. 注重能力的培养（恒成立问题）

2. 精选习题，有针对性训练。题不在多，典型则好；题不在难，有思想则灵。

第三阶段：模拟训练完善提高（注重新增知识），加大新增课程内容在试卷中的比例，传统新增数学内容：导数、概率统计、向量等。《考试大纲》要求的：全称量词与存在量词、幂函数、函数与方程、三视图、算法初步、几何概型、合情推理与演绎推理、线性回归方程、定积分等。

四、知识点分析

1. 函数与导数的应用：

（1）用函数的性质来判断函数的图象和用函数的图像来推断函数的性质，也就是数形结合的方法解题几乎每年都考。

（2）函数的单调性、奇偶性经常结合在一起出题。

（3）分段函数的应用，函数的零点与方程根的分布区间。（与老大纲比难度提升）

（4）指数函数、对数函数、幂函数的性质及图像，解题过程中要注意使用数形结合思想和分类整合思想。（与老大纲比难度降低）

（5）曲线的切线方程。

（6）函数的单调区间与极值。

（7）定积分求面积。

2. 数列：

（1）常与算法中的程序框图结合求数列的通项或前 n 项和。

（2）等差数列或等比数列的基本量运算、相关性质应用。

3. 三角函数与平面向量：

（1）三角函数的图像（图像的变换）或性质（求周期）和最值。

（2）三角函数的化简、计算求值。

（3）三角与向量的简单计算。

（4）向量的线性运算或数量积。

（5）向量与平面几何的结合。

（6）平面向量的基本定理的应用。

4. 解三角形：

（1）解三角形的基本问题。

（2）三角形的形状判断。

5. 不等式分析

（1）线性规划试题常考。（数形结合的载体）

（2）基本不等式求最值或解不等式的试题难度降低。

6. 圆锥曲线：

（1）对称问题。

（2）直线与圆的位置关系。

（3）椭圆的方程和性质（定义和几何性质）

（4）抛物线的方程与性质（定义、准线与焦点）

（5）双曲线的方程与性质（定义和几何性质、渐近线与离心率）

7. 立体几何：

（1）基本定理的判断。

（2）位置关系的判断。

（3）三视图与直观图的结合考查几何体的表面积和体积。

8. （理）计数原理和二项式定理：

（1）用计数原理求简单的应用题。

（2）二项式定理求通项或求和。

9. 概率、统计：

（1）几何概型和古典概型的简单应用题。

（2）抽样方法、直方图、茎叶图、散点图等给出条件来求概率或总体的平均值、方差等。

（3）正态分布相关试题．

10. 算法、推理与证明分析：

（1）与数列的求和或递推数列求通项问题结合考查程序框图。

（2）与分段函数、统计计算、二分法求函数零点等结合考查程序框图。

（3）与其他知识结合考查类比、猜想、推广等。

11. 坐标系与参数方程

（1）了解坐标系的作用，了解在平面直角坐标系伸缩变换作用下平面图形的变化情况。

（2）了解极坐标的基本概念，会在极坐标系中用极坐标刻画点的位置，能进行极坐标和直角坐标的互化。

(3) 能在极坐标系中给出简单图形（如过极点的直线、过极点或圆心在极点的圆）表示的极坐标方程。

(4) 了解参数方程，了解参数的意义。

(5) 能选择适当的参数写出直线、圆和椭圆的参数方程。

五、复习时间安排

1. 第一轮复习　时间：2012年8月1日—2013年3月中旬

目标：夯实基础，扫描所有知识点，实现知识系统化。

要求：

(1) 知识层面上，知识梳理到角，在全面复习巩固所有知识的基础上，查漏补缺，扫除学生知识点的盲区和理解上的障碍，构建学科知识技能体系；

(2) 能力培养上，围绕知识点，串点成线，串线成面，使学生在整体把握知识脉络的基础上，熟练地运用知识；

(3) 方法策略上，以学科为单位，按章节单元顺序，以学生手中的教辅资料为蓝本，精选练习题，以练为主，讲练结合，巩固知识点，培养解题能力。

2、第二轮复习？时间：2013年3月下旬—2013年4月底

目标：围绕考点，突破重难点，在强化训练中实现知识与能力的整体提升。

要求：

(1) 知识层面上，紧扣主干知识，强化重点，突破难点；

(2) 能力层面上，采取专题训练方式，在应用知识、分析问题和解决问题的过程中进一步提升能力；

(3) 方法策略上，一单元板块为线，以考纲考点为纲，精选典型试题，专题突破重难点。一方面解决教材中的重难点，知识性的难点往往是考试中的易错点和易漓点，容易变成考试中的失分点，因此要采取比较、辨析的方法解决；个体性的难点由个体思维方法的差异、个体理解能力的不同或个体知识缺陷疏漏造成的，这些难点往往成为个别学生的拦路虎，

要通过个别辅导或小组辅导的方式解决。另一方面，要关注知识的交汇点，综合分析能力弱的学生往往望而却步，因此专题复习阶段要注重知识的横向联系和纵向联系，注重培养学生知识点的迁移能力，在学科知识的交汇点上精选典型考题进行专题辅导专题训练。

3. 第三轮复习

时间：2013年5月1日—2013年5月底

目标：紧扣高考热点，强化应试训练，提高应试能力。

要求：

（1）知识层面上，注重学科知识的综合和学科间的相互渗透、交叉与整合，回归课本；

（2）能力层面上，以综合运用知识解决问题为中心，培养学生正确解答综合题目的能力，重点培养学生综合运用知识解决问题的能力；

（3）方法策略上，以考代练，围绕摸底诊断考试，规范解题思路，总结归纳解题规律，提升解题技能技巧，发现问题，及时纠正补充。

4. 考前演练：

时间：2013年5月30—2013年高考前

目标：模拟考试，实战演练，提高高考适应性。

要求：

精心组织并通过模拟实战演练，丰富应考经验，熟悉考场规则，提升考场应试技巧，增强应考信心。第一轮复习采取系统复习月考制度；第二轮复习采取专题复习周考制度；第三轮复习采取诊断性考试制度；考前演练采取模拟高考实战演练制度。

六、备考措施

为确保高考目标实现，我们必须以强烈的责任心、高度责任感和危机意识落实好下列措施：

1. 常规教学中，突出落实，讲求时效性和针对性。各课任教师要倡导向45分钟要质量，努力提高课堂教学的效率，因此各位数学教师必须备好学案，真正做到吃透教材，吃透学生。

2. 加强听评课活动，努力提高授课水平，做到有听必评，以评促教，教评相长。

3. 加大高考研究力度，把握好高考方向，特别是2013年的高考是课改后的首次高考，更要组织教师参加各类高考研讨活动。采取走出去，请进来的方式，研究近几年的高考试题，探索命题趋势，研究命题方向。

4. 严把集体备课关，做到有计划，有时间，有地点，有分工，有合作。打好学科团结战，努力提高本学科成绩。

5. 严把训练落实关。教师必须立足校情、学情，优化精选练习题，以"选题要精细、密度要适度、时机要恰当、反馈要及时"和"确保中档题拿高分、带动低档题拿满分、冲击高档题拿多分"为原则，落实有效训练。训练资料要求精、易、实，并直接应对高考。不求多，但求精；不求难，但求实用，注重时效性。一是读到实处，把早读、晚听、定时抽查背诵效果落到实处。二是练到实处，通过练习，达到巩固知识点，提高备考能力的目的。三是查到实处，学生的作业一定要经常检查，检查的形式可以多样，可以不必全批改，但必须全检查，并且必须强化改错。

6. 优化课堂教学，提高备考质量。讲授课、评讲课、复习课、练习课、自习辅导课等，都必须根据考纲要求精心设计，优化过程，落到应对高考的实处。

七、周工作安排

日期	周次	节/周	教学内容
8.15－8.18	1	4	集合、命题及其关系、充分条件与必要条件
8.20－8.25	2	8	简单逻辑连接词、全称量词与存在量词
8.27－9.1	3	8	函数及其表示、函数的单调性与最值
9.3－9.8	4	8	函数的奇偶性及周期性、二次函数
9.10－9.15	5	8	基本初等函数、函数与方程
9.17－9.22	6	8	函数模型及其应用、单元测试
9.24－9.29	7	8	弧度制与任意角的三角函数
10.1－10.6	8	8	同脚三角函数的基本关系及诱导公式

续表

日期	周次	节/周	教学内容
10.8－10.13	9	8	三角函数的图像与性质
10.15－10.20	10	8	三角函数的图像的变换三角函数模型的应用
10.22－10.27	11	8	三角恒等变换、正弦定理、余弦定理及其应用
10.29－11.3	12	8	平面向量概念与线性表示、平面向量基本定理
11.5－11.10	13	8	平面向量的数量积、平面的综合应用
11.12－11.17	14	8	数列的概念与简单表示等比数列、等差数列
11.19－11.24	15	8	数列求和及其应用、单元测试
11.26－12.1	16	8	不等关系与不等式、一元二次不等式及其解法简单线性规划、基本不等式及其应用
12.3－12.8	17	8	空间几何体的三视图、直观图、表面积与体积
12.10－12.15	18	8	空间点、线、面之间的位置关系
12.17－12.22	19	8	空间中的平行与垂直关系
12.24－12.29	20	8	空间向量及其加减、数乘和数量积运算
12.31－1.5	21	8	空间向量的坐标表示及其运算、空间向量的应用
1.6－1.11	22	8	直线方程及直线的位置关系
1.13－1.18	23	8	圆的方程、圆与直线的位置关系
1.20－1.25	24	8	椭圆、双曲线、抛物线
1.28－2.2	25	8	直线与圆锥曲线的位置关系
2.4－2.9	26	8	导数概念及其应用、定积分
2.17－2.23	27	8	算法语言与程序框图
2.25－3.2	28	8	两个计数原理、排列组合、二项式定理
3.4－3.9	30	8	随机事件的概率、古典概型、几何概型
3.11－3.16	31	8	离散型随机变量及其分布列、均值方差、正态分布
3.17－3.22	32	8	统计案例、推理与证明、数系的扩充
3.24－3.30	33	8	坐标系与参数方程、不等式选讲

二、谈 2013 年高考数学主要考点

数学是最重要的一科了，高考复习资料很多，现在学生经常陷入书山题海不能自拔！高考题千变万化，万变不离其宗。"宗"就是"高考考点"，我们给您总结了各科高考的重点！

专题一：集合

考点 1：集合的基本运算

考点 2：集合之间的关系

专题二：函数

考点 3：函数及其表示

考点 4：函数的基本性质

考点 5：一次函数与二次函数．

考点 6：指数与指数函数

考点 7：对数与对数函数

考点 8：幂函数

考点 9：函数的图像

考点 10：函数的值域与最值

考点 11：函数的应用

专题三：立体几何初步

考点 12：空间几何体的结构、三视图和直视图

考点 13：空间几何体的表面积和体积

考点 14：点、线、面的位置关系

考点 15：直线、平面平行的性质与判定

考点 16：直线、平面垂直的判定及其性质

考点 17：空间中的角

考点 18：空间向量

专题四：直线与圆

考点 19：直线方程和两条直线的关系

考点20：圆的方程

考点21：直线与圆、圆与圆的位置关系

专题五：算法初步与框图

考点22：算法初步与框图

专题六：三角函数

考点23：任意角的三角函数、同三角函数和诱导公式

考点24：三角函数的图像和性质

考点25：三角函数的最值与综合运用

考点26：三角恒等变换

考点27：解三角形

专题七：平面向量

考点28：平面向量的概念与运算

考点29：向量的运用

专题八：数列

考点30：数列的概念及其表示

考点31：等差数列

考点32：等比数列

考点33：数列的综合运用

专题九：不等式

考点34：不等关系与不等式

考点35：不等式的解法

考点36：线性规划

考点37：不等式的综合运用

专题十：计数原理

考点38：排列与组合

考点39：二项式定理

专题十一：概率与统计

考点40：古典概型与几何概型

考点 41：概率

考点 42：统计与统计案例

专题十二：常用逻辑用语

考点 43：简单逻辑

考点 44：充分条件与必要条件

专题十三：圆锥曲线

考点 45：椭圆

考点 46：双曲线

考点 47：抛物线

考点 48：直线与圆锥曲线的位置关系

考点 49：圆锥曲线方程

考点 50：圆锥曲线的综合问题

专题十四：导数及其应用

考点 51：导数与积分

考点 52：导数的应用

专题十五：推理与证明

考点 53：合情推理与演绎推理

考点 54：直接证明与间接证明

考点 55：数学归纳法

专题十六：数系的扩充与复数的引入

考点 56：数系的扩充与复数的引入

专题十三：选考内容

考点 57：几何证明选讲

考点 58：坐标系与参数方程

考点 59：不等式选讲

三、谈平时如何训练以提高做题速度

高考时做题速度是大家十分关心的问题，考场上有很多题都是由于时

间来不及导致丢失大量分数。比如没时间做的，因为时间紧做的不全的，或者快速看几眼就做错的，这都是做题速度慢导致的。不仅如此，考试时一旦感觉前面消耗的时间长，整个人会更加紧张，极其影响整个考试。

通过大量学生咨询，我们统计过，因为在时间不够的问题上，导致整个考试直接丢分的平均有30分左右（全科目），间接的影响更广。而纵观整个科目，语文和英语除了作文有一些影响，时间是比较充足的，但数学、理综、文综部分会有这部分问题，文综可能影响较小。这是因为数学、文理综合部分需要学生消耗更多时间动脑，分析理解判断都需要消耗时间，并且由于思考的角度及出发点不同，同样的试题消耗的时间不同，有的快有的慢，有同学发现一旦"想对路了"，做题速度非常的快，一旦某一步卡住了，哪怕答案呼之欲出，却始终写不出来。

那么如何在考场上将题做得又快又对，是学生亟须掌握的要点。然而同学们发现，做题速度一旦加快，准确率却下降了。而准确率上升后，时间往往来不及。做题速度这个问题，很多同学通过大量做题，但是结果往往还不能尽如人意。我们要如何解决这个问题呢？

管卫东给诸位简单分析一下做题速度慢的成因，并结合这些成因给出相应的解决方案，希望能够帮助学生们解决这一部分问题。

做题速度慢的大部分原因：

1. 题目不熟练

造成对题目不熟的原因大概有这么三个：对知识点本身不熟悉、解题思路不熟悉（思维不熟）、分析能力不足。

2. 能力不足

计算能力不足、写字速度慢、阅读速度慢、接受信息能力不足（即不了解题目表述含义）。

3. 性格原因

马虎、粗心都可以归结于急躁，很多同学读题时快速读完却不了解其表达内容，或者是还没读完就开始写答案了，往往要反复回头，浪费时间，或者干脆做错。

4. 做题习惯

很多同学拿到题闷头就做,事先考虑都不考虑,发现做错了才回头看。也有的同学看到题目不认识,就犹豫要不要先做,导致不知不觉的浪费时间。

训练方法:

1. 做题训练

大家都知道利用做题来提高做题速度,但是却没有好好的规划。到了这个阶段,做难题意义已经不大。应该配合这阶段的冲刺,同时训练做题速度。这里我建议同学们无论是出于冲刺角度还是做题速度训练角度,都用简单题和中等题来训练。并且顺序是从选择题开始,然后是简单、中等的解答题,而后是填空题,最后有时间了才去练习练习所谓的"最后一题"。在选择题训练上,减少死记硬算,多加入思考的比重。处理选择题上,思维和技巧摆在第一位。要充分利用题目和选项之间的暗示,多比较少计算,多动脑少"动手"。如特殊值的代入、选项的代入,多用直接法(直接理解)、排除法(选项逆推)等,少从头到尾死算。选择题是只考虑结果而不考虑中间过程的题型,要始终本着"少算少错,多算多错"的道理,加大理解分析判断等比例做题,这样不仅可以提高选择题的准确率,也能大量缩短考试时间,即达到短期内提升成绩的目的,也达到提高做题速度的目的。然后是中等题和简单题,我们要总结做题过程的思维和解答步骤,你会发现即使是不同的题型,在解题思路上有太多的相似点。把这些相似点总结出来,你会发现可以应用到各个题型。如理综的物理,几乎都是按照题目表述的步骤罗列表达式,然后联立求解即可得出结论。如数学除了排列组合,其他题只要你能正确地用式子或未知数表达出题意,通过补充题目和所求差距,或寻找问题成立的前提条件(正向推导和逆向推导),都能够把试题拿下。

2. 做题训练注意的几个问题

量大且持续时间长

这里说的不是总量,而是每一次训练的时候题量必须要够,连续做题的时间要长，而不能浅尝辄止。在训练及选题的过程中，最好要同科同类。

掐时间

每一道题或每一套题都掐好时间，前面刚开始做题的时候可以放慢一些，多训练解题思维。当你总结完解题思维后，要尽量缩短做题时间。然后通过做模拟卷的时候，至少缩短规定时间的 10%～30% 左右（最后一道大题若不会做可留下相应时间）。当你能够稳固在这个时间段答题的时候，基本上就没有太多问题了。

3. 能力的训练方法

这里针对计算、写字慢、阅读有问题的同学。计算能力不足是由于逻辑推导能力不足所导致的，这一点在短时间内只能通过大量的计算推导来提高。在训练的时候同样多思考式子之间的转换与关联，多观察同样、不同的字母之间所代表的含义以及转换关系。至于写字速度慢，先弄清楚自己为什么写的慢，然后逐步加快即可。阅读慢或者记不住的同学，平时多朗诵，多读适中篇幅的一些文章或题目，逐渐加长即可。

4. 性格

平时训练时一个字一个字地念题目（或默读），在做题的时候强迫自己规范好草稿。不要东一块、西一块的乱写，把草稿当作作业来写。如果好动的同学平时做题的时候可以强迫自己不断继续坚持做下去，短期内养成"稳当"的特点即可。

5. 通过做题来养成正确的考试习惯

刚开始训练时，做题时要讲究一看二想三动四回顾。先看清题意，再思考题干和题肢之间的关联，然后才动手，最后总结。当你习惯了这些步骤后，就能快速答题了。切忌没有形成相对固定的解题思维之前，一拿到题就闷头做。当你掌握一定的思维和技巧，总结出相对固定的解题思维时，才能一拿到题，就开始动手。

以上针对同学们考试时间问题做了一些解答，希望对学生有用。希望同学们学习进步，高考考出好成绩。

四、谈选修系列教学中的几个问题

一、常用逻辑用语的教学

1. 内容与要求的说明

四部分内容：命题及其关系；充分条件与必要条件；简单的逻辑联接词；全称量词与存在量词（新增内容）。相互之间具有紧密的联系。

学习目的：体会逻辑用语在表述和论证中的作用，能用逻辑用语准确地表达数学内容。——所有例子都是数学的

2. 本章难点分析

理解必要条件的意义；

对含有一个量词的全称命题或特称命题的否定。

分析：由 p 推出 q，q 是结论，怎么 q 又成了 p 的必要条件了呢？

"充分"就是"有此就够了，不需要别的了"；"必要"就是"必须要有，有了又不一定够"，难在对"有了不一定够"的理解。

分清条件和结论是关键。

对含有一个量词的命题的否定——不知道该否什么。破解难点的方法是"做比较"。

例：所有矩形都是平行四边形；

并非所有矩形都是平行四边形；

所有矩形都不是平行四边形；

有的矩形不是平行四边形。使用"等值语言"较多——"也就是……"

3. 教学建议

（1）不要在复杂性、综合性上做文章；

（2）注意使用数学实例，采用"归纳式"教学，加强对基本概念意义的理解；

（3）注意联系性——从不同角度帮助理解；

（4）符号语言的使用。

二、解析几何的教学

1. "课标"对解析几何内容的安排

坐标法为核心，依"直线与方程——圆与方程——圆锥曲线与方程——极坐标系与参数方程"螺旋上升地展开内容。

解析几何是方法论——代数方法研究几何。

直线与圆——基础，强调与平面几何研究方法的比较，坐标法的体验。

圆锥曲线——体现坐标法的威力（有限接触）

局限：缺少直观形象支撑（数缺形时少直观）——《几何证明选讲》中从用综合法进行了研究。坐标系与参数方程——充分展示坐标法的综合性：坐标系的多样性、曲线方程的多样性、联系方式的多样性等。

2. 编写中考虑的几个问题

（1）坐标法为核心，强调数形结合思想？明确提出"三部曲"；

强调经历用坐标法解决问题的完整过程：先用平面几何眼光观察，再用坐标法解决。

例"椭圆及其标准方程"的"过程性"：

画图——找动点满足的几何条件——给定义——建坐标系——求曲线方程——根据方程讨论曲线性质

这里要建立起一套求曲线方程的"规范"：

动点满足的几何条件分析；

根据图形特点建立坐标系（利用对称性、定点、定直线等），不同坐标系下有不同的方程形式；

各类几何元素的坐标表示，如曲线上的任意点（代表）、焦点等；

根据对称性等，给出适当的代数表示（如 b 的引入）；反之，给出方程中"参数"的几何意义。

（2）根据学生心理安排学习内容；

（3）问题引导学习，改进教与学的方式；

（4）加强背景和应用，完善学习过程；

(5) 加强联系与综合,体现"思想性";

(6) 体现教学设计思想。

3. 几个教学建议

(1) 重视"先行组织者"的作用——解析几何是方法论;

例1 使用章引言;研究哪些性质、如何研究性质的引导。

(2) 重视"几何要素"的分析——有效使用解析法的前提。

先用几何眼光观察,再用坐标法推理、论证和求解——并不涉及过多平面几何性质。

例2 椭圆的几何要素的探索——不同表现形式。

统一定义是否要给?什么时候给?——不要求,但可以作为研究性学习课题。

(3) 加强联系与综合——解析几何的学科特点:代数、几何、三角、向量……都有用武之地。

例3 直线的参数方程中体现的联系与综合:平面直角坐标系中,确定直线的几何要素;参数的思想——点 P 的坐标由参数 t 唯一确定;有向线段;方向向量;三角函数;比例;……不同联系方式下的教学设计

参数方程:坐标 x,y 作为参数 t 的函数——以确定曲线的几何要素为基点,考察坐标随哪一要素的变化而变化。

找一座"桥",把任意一点 P(x,y) 与确定直线的几何要素:倾斜角 α、点 $P0(x_0,y_0)$ 联系起来。与几何、三角的联系与向量的联系

向量代数是坐标几何的返璞归真精益求精

数轴:原点、方向、单位长度

数轴上点的坐标——数乘运算坐标系中的直线——与数轴没有本质区别:

点 $P_0(x_0,y_0)$ ——原点

倾斜角 α——方向

单位向量——单位长度

直线上任意一点的坐标——数乘运算、纯粹的代数、三角变形

（4）注意控制难度。

几何意义——复杂的代数表述，可以产生复杂的题目。

三、空间向量与立体几何

1. 对内容的说明

空间向量基础知识；向量法解立体几何题。

"九B"重点在立几知识，空间向量只作解题工具；本章空间向量和向量法是重点内容，不介绍系统的立体几何知识。

重点：空间向量及其运算；向量法。

难点：立体图形元素的向量表示；基底的选择。

2. 编写中考虑的几个问题

（1）两个指导思想：

以必修系列为基础，从数量表示和几何意义两方面，把向量及其运算从二维提升到三维，这是"由此及彼，由浅入深"的认识发展过程。

以立体几何问题为载体，体现向量的工具作用和向量法的基本步骤和原理，再次渗透代数化（符号、运算）、模型化、程序化等数学思想。

（2）注重联系，温故知新，用类比法认识新问题。

从开篇引言到章尾小结都关注空间向量与平面向量的联系——问题的设置也延续了平面向量的做法。

（3）强调通性通法，突出一般规律，渗透基本数学思想。

向量——既有大小又有方向的量；

向量的运算——法则、运算律、几何解释、各种表示形式等；

向量法——研究几何的位置关系、大小度量，用"三步曲"处理好两个问题：第一，以数及其运算为类比对象，认识平面向量及其运算、空间向量及其运算之间的异同，用同样的方法讨论不同维数下的共同问题；

第二，体现向量法的"通法"特点："代数化"和"程序化"，即引进向量表示，用运算代替几何推理，用向量的坐标表示把几何彻底推向"有效能算"的水平；"模型化"，即用抽象符号把一类对象转化为其他等价形式。

3. 教学建议

（1）把重点放在空间向量和向量法上。

空间向量的教学中，用好平行六面体；类比平面向量提出空间向量中的问题和研究方法——可以自学。

3.2 节的教学，以立体几何问题为载体，以向量法学习为主；注意引导学生思考几何问题的向量表示。用向量法解决几何问题的关键，用好四个法则：向量的加法法则，向量数乘的意义和运算律，向量数量积的意义和运算律，空间（平面）向量基本定理向量法中；

要抓住根据条件选择适当的"基底"，建立空间坐标系的训练。

（3）强化对向量运算的作用的认识。

有了运算，向量威力无限；没有运算，向量只是路标。向量的作用主要通过运算得到体现。

理科要以向量法为主，综合法为辅。要培养使用向量解决几何问题的习惯。

四、导数及其应用的教学

1. 对教学内容的说明

了解导数的实际背景，知道瞬时变化率就是导数；直观理解导数的几何意义；

能根据定义求 5 个幂函数的导数；

能利用导数公式和四则运算法则求简单函数和形如 $f(ax+b)$ 的导数；

导数的应用：研究函数性质、生活中的优化问题；

通过实例（如求曲边梯形的面积、变力做功等），了解定积分的实际背景；借助几何直观体会定积分的基本思想，初步了解定积分的概念；通过实例（如变速运动物体在某段时间内的速度与路程的关系），直观了解微积分基本定理的含义。

——理论要求不高，注重思想，注重过程，注重应用。

2. "不讲"极限如何讲导数？"不讲"什么，"讲"了什么？

（1）不讲极限的形式化概念，不出现用距离刻画极限的定义；不把导数处理为一种特殊的极限（增量比的极限）。

（2）讲了导数概念的本质，强调了导数的思想，强调了导数的物理意义和几何意义，强调了导数的应用。教材是如何处理导数概念的？

①构建"平均变化率—瞬时变化率—导数"的认识过程直接通过能反映导数思想和本质的、学生熟悉的实例，例如速度、膨胀率、效率、增长率等，使学生经历从平均变化率到瞬时变化率的过程，认识和理解导数概念，即导数就是瞬时变化率；加强导数的几何意义的认识和理解。什么叫"导数思想"？

微积分创立过程中的"四大问题"：运动问题；切线问题；函数的最大（小）问题——优化问题；几何度量问题。归结为：变化率问题

核心：瞬时变化率的刻画。瞬时——这个时候，没有过程——没有思想。

数学家的智慧：构造一个过程——平均变化率到瞬时变化率；引进一个概念——导数。

②淡化形式化的导数运算，加强导数在研究实际问题和函数性质中的应用

导数是研究函数性质的"通法"，是一个有效、好用的工具（初等方法是一种"特技"）。教材中有较多的只用图像表示的函数、超越函数的例子。研究问题的拓展：单调性（重点）、增长快慢的描述、极值、最大（小）值。只要求用基本初等函数的导数和运算法则求导，避免形式化运算。

③加强导数几何的意义在理解导数概念和思想中的作用？

④发挥信息技术的作用

信息技术在理解导数和定积分的意义时可以发挥很好的作用，例如："逼近"过程的展示——数表、图形；

函数单调性与导数符号关系、增长快慢与导数的绝对值大小的关系；

定积分的概念、几何意义——以直代曲、逼近过程的展示；等。

3. 教学建议

把重点放在理解导数、定积分的内涵和基本方法上，不追求理论上的严密性和过多的技巧；

把握好教学要求：计算的难度控制；应用的深度和广度的控制，例如函数类型的控制；

用好信息技术。

五、关于选修系列 4

系列 3、4 为对数学有兴趣和高需求的学生设置，所涉及的内容反映了某些重要的数学思想，有助于学生进一步打好数学基础，提高应用意识，有利于终身发展、扩展数学视野、提高对数学的科学价值、应用价值、文化价值的认识。学生可根据自己的兴趣、志向选择。系列 3 不作高考内容，由学校进行评价，评价结果可作为高校录取的参考。——很理想化。考试大纲的要求

只对 4-1、4-4、4-5 提出考试要求，文本与课标基本一致。

首先应该选 4-5——无论是否为高考考虑，其中尤其要讲好前两讲。

不等式的基本性质、基本不等式、均值不等式是基础；绝对值不等式强调借助几何意义来理解和应用。

要重视建立不等式模型解决实际问题。

证明不等式的方法：比较法、综合法、分析法、反证法、放缩法、数学归纳法，其中比较法、综合法、分析法是最基本的。

控制好教学要求

如：解含有绝对值的不等式，只要求能解几种特殊类型的不等式，不要求各种类型的含有绝对值的不等式；会用数学归纳法证明一些简单不等式问题；通过简单问题了解证明不等式的基本方法；会用所学的不等式证明简单不等式；等等。

不要使教学陷于过于形式化和复杂的恒等变形的技巧中，不要补充代

数恒等变形过于复杂或过于技巧化的问题和习题。

抓住教学重点

对于几个重要不等式，最基本的是二元情况，核心思想也在二元不等式中得到直接的体现；最基本的证明不等式方法是比较法；解含有绝对值的不等式的最基本和有效的方法是分区间讨论，把含有绝对值的不等式转化为不含绝对值的不等式；等。

柯西不等式最主要的是它的结构，证明的过程就是"凑形"的过程。

五、谈高考复习决胜三十六计

第1计：挖掘潜能。不管你现在情况怎样，你都要相信自己还有巨大的潜能。从现在到高考进步50名的大有人在，进步80名的也有可能。

第2计：坚定意志。高考其实是看谁坚持到最后，谁就笑到最后。考生应全力以赴知难而进，战胜惰性提升意志。

第3计：调好心态。心态决定成败，高考不仅是知识和智力的竞争，更是心理的竞争。考生应努力改变最近的不良心态。

第4计：把握自我。复习时紧跟老师踏踏实实地复习没有错，但也要有自我意识："我"如何适应老师的要求，如何根据自己的特点搞好最后阶段的复习，如何在"合奏"的前提下灵活处理"独奏"。

第5计：战胜自我。面对迎考复习的艰辛，面对解题的繁难，面对竞争的压力，面对多变的情绪，只有"战胜自我"，才能海阔天空。

第6计：每日做题。每日做些题目，让自己保持对问题的敏感，形成模式识别能力。当然，做题的数量不能多，难度不宜大。

第7计：一次成功。面对一道题（最好选择陌生的中档题）用心去做，看看能否一下子就理出思绪，一做就成功。一份试卷，若不能一次成功地解决几道题，就往往会因考试时间不够而造成"隐性失分"。

第8计：讲求规范。建议考生找几道有评分标准的考题，认真做完，再对照评分标准，看看答题是否严密、规范、恰到好处。

第9计：回到基础。一般说来，考前不宜攻难题，既没有这么多的时间,也没必要。要回到基础,把基础打扎实,在考试时才能做到"基础分一分不丢"。

第10计:限时训练。可以找一组题(比如10道选择题),争取限定一个时间完成;也可以找1道大题,限时完成。这主要是创设一种考试情境,检验自己在紧张状态下的思维水平。

第11计:激活思维。可以找一些题,只想思路:第一步做什么,第二步做什么……(不必具体详解)再对照解答,检验自己的思路。这样做,有利于在短时间里获得更多的解题方向。

第12计:勤于总结。应当把每一次练习当成巩固知识、训练技能的一次机会。题是做不完的,关键在于打好基础,勤于总结,寻找规律,一通百通。

第13计:适度平静。平时个性张扬的学生,在张扬的前提下,可稍微平静一些;平时内向的学生,在平静中可略张扬一些。一定压力下的平静是高考超水平发挥的必要条件。

第14计:适度自信。大考临近,我常对考生说:"这里必须拒绝一切犹豫,这里任何怯弱都无济于事。"自信,是成功的起点;失去信心,必然导致失败。

第15计:适度动机。动机过强和动机过弱,都不利于考试;适度动机,效率最高。期望值过高,容易导致考生紧张、忧郁、恐惧等情绪,进而造成考试的失败。

第16计:适度运动。希望同学们能根据自己的情况,适度运动运动,可以缓解紧张的神经,提高学习效率,保证考试时有一个健康的身体和清醒的头脑。

第17计:适度交流。同龄人一起迎考,大家的情况都差不多,适度交流、沟通感情十分重要。同学之情对增强信心、减缓压力有很大的帮助。当然,考前时间宝贵,切不可"长谈"。除了和同学交流外,还可与家长、亲友交流。

第18计:充分准备。认真做好考前的复习和准备工作,注重知识的掌握和技能的训练，做到胸有成竹，心中不慌。

第19计：处变不惊。训练自己在面对变化的问题或困难时，能冷静地分析、判断，采取科学的应对措施。比如，面对试题的难易，要有"人难我难，我不怕难；人易我易，我不大意"的心态。

第20计：防止过劳。考试临近，切忌搞疲劳战术，过度疲劳容易引起心理上的不适，不利于考试时发挥出应有的水平。

第21计：矫正担忧。考生把担忧逐一列出，会发现这些担忧往往具有夸大、缩小和不现实等错误，如认为自己不行、过分夸大缺点、看不到优点等。要学会正确辨析，对担忧做出合理、积极的分析，以良好的心态参加考试。

第22计：自我暗示。利用暗示语句的强化作用，进行心理调节。暗示语要具体、简短和肯定。比如"我早就准备好了，就等这一天了！"这样可以让大脑形成一个兴奋中心，抑制紧张情绪。

第23计：转移焦点。考前焦点都集中在高考上，可以适当转移到与高考无关的事情上。如欣赏音乐、散步、与人交谈，也可以做深呼吸或大声唱歌、朗诵等。

第24计：系统脱敏。运用这种心理训练，直到在最令自己紧张的情景中也能镇定自若。

第25计：做操练习。做广播操或其他简易运动，让肌肉放松，可以缓解身心疲劳，抑制紧张焦虑程度。

第26计：科学补氧。通过口服补氧类保健品或到氧吧补氧，使脑细胞和机体得到充足的氧供应。当然，这要在医生的指导下进行。

第27计：填写信息，稳定情绪。试卷一发下来，立即忙于答题是不科学的，应先填写信息，如在答题卡上涂清"试卷类型"，写清姓名和准考证号码等，这样做不仅是考试的要求，更是一剂稳定情绪的"良药"。

第28计：总览全卷，区别难易。打开试卷，看看哪些是基础题，哪些是中档题，哪些是难题或压轴题，按先易后难的原则，确定解题顺序，逐题解答。力争做到"巧做低档题，全部做对；稳做中档题，一分不浪费；尽力冲击高档题，做错也无悔。"

第29计：认真审题，灵活答题。审题要做到：一不漏掉题，二不看错题，三要审准题，四要看全题目的条件和结论。

第30计：过程清晰，稳中求快。一要书写清晰，速度略快；二要一次成功；三要提高答题速度；四要科学使用草稿纸；五要力求准确，防止欲速不达。

第31计：心理状态，注意调节。考试中，要克服满不在乎的自负心理，要抛弃"在此一举"的负重心理，要克服畏首畏尾的胆怯心理。

第32计：尽量多做，每分必争。高考评分，理科是按步骤、按知识点给分；文科是按要点给分。考生在答题时，要会多少答多少，哪怕是一条辅助线，一个符号，一小段文字，都可写上，没有把握的也要敢于写，千万不要将不能完全做出或答案算不出的题放弃不做。

第33计：抓住"题眼"，构建"桥梁"。一般难题都有个关键点（称之为"题眼"），抓住了"题眼"，问题就易于解决。此外，还要利用相关的知识、规律、信息进行多方联系，构建"桥梁"，找出问题的内在联系，从而构思解题方案，准确、快捷地解决问题。

第34计：遇到易题，格外小心。易题，容易使人轻视，不注意题目的细微变化，不费思索顺手写来，可能铸成大错。所以有"容易题，容易错"的说法。要知道，题目对你容易，对别人也容易。

第35计：思路暂塞，学会变通。考试时，熟知的知识、方法突然想不起来，这时要学会变通。一是换个角度或思路，从与题目有关的项目开始回想；二是利用本卷中其他题目中的信息；三是暂时放弃，换另一道题做，等情绪稳定、思路清晰时，再回过头来做，可能有意外的收获。

第36计：注意检查，减少失误。争取有一定的时间检查答卷，主要是检查题目是否遗漏，是否弄错了题意，是否抄错了什么，尽量减少失误。对一些"疑似"答案，尤其要注意检查——可以对思路检查，对步骤检查，对结果检查，对试题要求检查等。

六、谈高考出题与教学策略

高考，是为高校选拔人才，不是像升级考试那么简单。选拔，就要分出层次，这就为高考命题提出挑战性的任务，所以作为命题人一定会突出能力运用、突出思维创新、突出方法效率等方面的考查。从这个角度上说，高考复习的最后阶段，学生越是盲目地、大量地做"垃圾题"，越是心里没底。为什么真正的高考命题研究专家敢说某某点必考，不但因为是考纲上的重点，考试说明上的要点，而且它是容易抓住考生"软肋"的实用点。比如数学中函数性质、导数、概率准考，为什么？这些知识和能力为升入大学后进一步研究可能性问题，解决生活实际问题，提供了基础。

平时的测验、练习、模拟，常常以知识点为基础命题，而高考则是以"能力立意"命题。所以，即使是个"填空题"，实际上也包含着一个能力的问题。

基于以上原因，参考高考试题及专家讲解，高考题主要是大学老师出的。紧扣《考试大纲》和《考试说明》，但是通常各地的"模拟卷"基本上押不到真题，因为高考命题组有"反押题"措施，高考题原则上不出怪题、偏题，更不回避"必考点"，但却在命题角度、方法、题型上下功夫，高考题通过"攻击"学生群体性"软肋"来突出"选拔性"。换句话说就是那些让大多数学生感到为难的题恰恰抓住了多数学生在某一知识点上的短处，而其目的正是让优秀的学生脱颖而出。高考是选拔性考试，目的是把考生按成绩分层，便于高校挑选。平时的测验或模拟基本上是测试性考试，目的是检测掌握知识的程度，查缺补漏。因此，没有深刻领悟、精做与高考平行的选拔性试卷，就常常会在高考中丢"不该丢"的分。

图形计算器与我区数学教学

一、图形计算器是一种科学的工具

图形计算器是在计算机科学的基础上发展起来的数学学习工具，它是一种程序化的、专门为学生学习数学而设计的、小型化的掌上电脑，较复杂的图形计算器还内置有计算机代数和计算机交互几何系统。它具有计算、作图、数据处理、编程等功能，有的还具有红外线传输和与计算机连接功能，这为学生学习数学进行交流提供了有力的技术支持。这为学生采集数据、进行数据处理、建立数学模型，并从中体会数学和现实世界的联系、数学和其他学科的联系、体会数学的意义和价值提供了难得的学习环境。

图形计算器在美国以及许多国家得到了大范围的普及，是因为它在学科教学中有着不可替代的许多优势。1995 年，图形计算器开始进入了中国，一批实验学校被建起，一些理论研究的队伍也开始形成，图形计算器进入中学或大学的课堂，甚至进入了清华大学的考场。

就数学课而言，尤其是高中的数学，许多内容比较抽象，不容易在日常生活中感到它的存在，因此学生容易觉得数学看不见摸不着。而计算器的使用，给了他们一种直观的新鲜感，大大刺激了学生的视觉器官，从而激发学生的学习动机。计算器的使用改变了以往教师讲、学生听的教学模式，让学生自己动手，参与到教学中来，从自己的活动中自主建构知识。他的强大功能真正实现了数形结合，有力地帮助了学生理解许多概念。

新课程改革中，我国的数学教育发生了很大的变化，如统计和概率成为代数的重要内容，从数据出发进行推理、探索、发现；认识模式、建立关系，预测发展趋势；强调数学的应用性、数感等。与此同时关于学习的理论也有了新的发展，以学生为中心、让学生自己学的建构主义被普遍接受。在此期间，数学工具、教育技术也发生了重大的变化。图形计算器正是在此时应运而生向传统教学手段提出了挑战。图形计算器以它的可视性、体现数学过程性、对数学概念的多重表示性、便于学生自主探索性、与课程改革相适应性等特点，显示出作为新一代数学学习工具的巨大潜能。而且图形计算器的轻便性和便携性给教师的课程设计带来了更大的自由，为学生的学习愿望提供了一个无处不在的学习环境。

我区的高中校目前都不具有图形计算器，应用图形计算器进行教学的探究活动还是空白。2011年2月开始，高中教研室开始组织数学教师学习图形计算器，为使用直观，克服没有设备的局限，联合卡西欧公司，为学习的教师在电脑上安装了图形计算器模拟器。（图形计算器模拟器和真的图形计算器功能上完全一样，是电脑上的模拟软件）激发了教师学习计算器功能的积极性，将计算器开始引入我区数学课堂。教学模式将从以教师讲授为主，转为以学生动手自主探究及小组学习、讨论交流为主。学生通过自己的活动得出结论，使创新精神和能力得到发展，并将显示出更高的智慧，表现出更大的学习兴趣和更充分的自信心。学习的内容将以概念理解、探索关系与规律、问题解决、数学应用为主。

二、结合课堂教学谈谈利用图形计算器辅助数学教学的体会。

1. 作图功能降低教学难度，促进知识形成

范例1 画出下列函数的图像：

$y=2sinx$；$y=2sin\left(x-\dfrac{\pi}{6}\right)$；$y=2sin\left(x+\dfrac{\pi}{3}\right)$。

操作步骤

（1）在主菜单（MENU）窗口，选择"图形"图标，按［EXE］，或者在主菜单窗口，按数字键5。如图1-1，进入"图形函数"窗口，可以编辑函数表达式（式方程）。

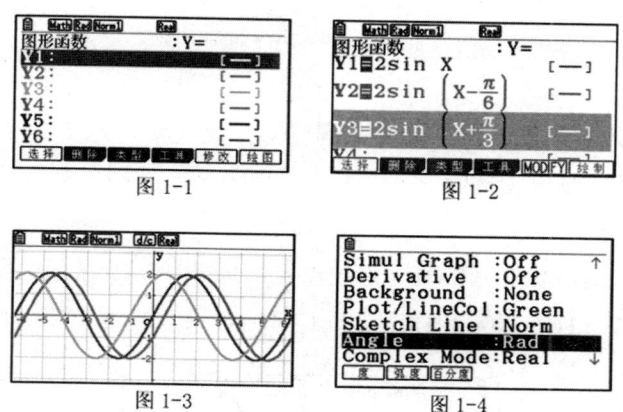

图1-1　　　　图1-2

图1-3　　　　图1-4

（2）如图1-2，分别办输入函数表达式。每输入一个表达式，完成后按［EXE］。该表达式处于被选中状态。

（3）按［F6］，绘制图象。将以表达式先后顺序画出各函数图像。（图1-3）

提示：凡是绘制与三角函数有关的图形都必须进行如下的设置：

在图1-1状态下，按［SH1FT］，再按［MENU］（SETUP），如图1-4，把Angle（角度）设置成Rad（弧度）。

画出由下列不等式组确定的区域：

$$\begin{cases} y \geq 2x-1 \\ y \leq 3-x \\ y \geq -3x \end{cases}$$

操作步骤

（1）在主菜单（MENU）窗口按数字键5，进入表达式（或方程）编辑窗口。

127

（2）按［F3］（类型），再按［F6］，选择所需不等式类型。如图1-9，依题意，编辑表达式。

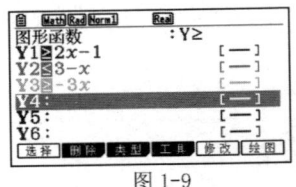
图 1-9

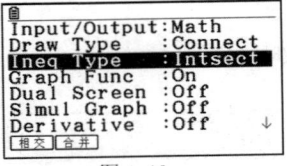
图 1-10

（3）按［SH1FT］键，再按［MENU］键（SETUP），拨动光标控制盘向下的键，使得光标落在 lneqType 行处。按［F1］，如图1-10，把 lneqType 设置成 lntsect（相交。）

（4）最后通牒按［EXIT］退出设置，回到图1-9所示的窗口。

（5）按［F6］，绘制图形。（图1-11）

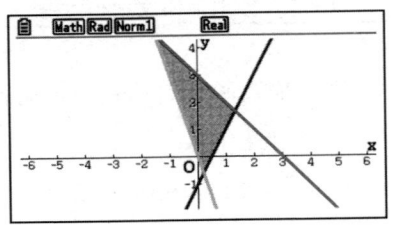
图 1-11

2. 突破统计教学难点，培养学生应用意识

范例2（两个变量的统计）。

在一次对人体脂肪含量和年龄关系的研究中，研究人员获得了一组样本数据：

年龄	23	27	39	41	45	49	50
脂肪	9.5	17.8	21.2	25.9	27.5	26.3	28.2

年龄	53	54	56	57	58	60	61
脂肪	29.6	30.2	31.4	30.8	33.5	35.2	34.6

根据上述数据，人体的脂肪含量与年龄之间有怎样的关系？

选自：普通高中课程标准实验教科书（人教 A 版）数学必修三，第 85 页。

操作步骤

（1）在主菜单（MENU）窗口，按数字键$\sqrt{2}$。如图 3-13，进入 List（串列）窗口，接受数据输入

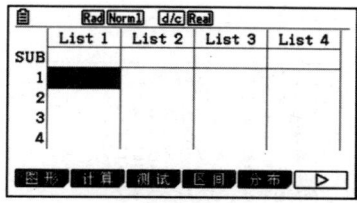
图 3-13

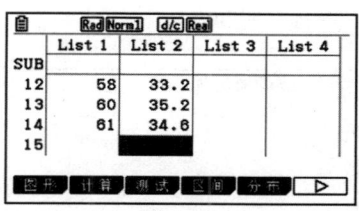
图 3-14

（2）如图 3-14，把题设中的年龄数据输入 List1，脂肪含量数据输入 List2 中。

（3）按［F1］（图形），如图 3-15，再按［F6］（设定）。如图 3-16，

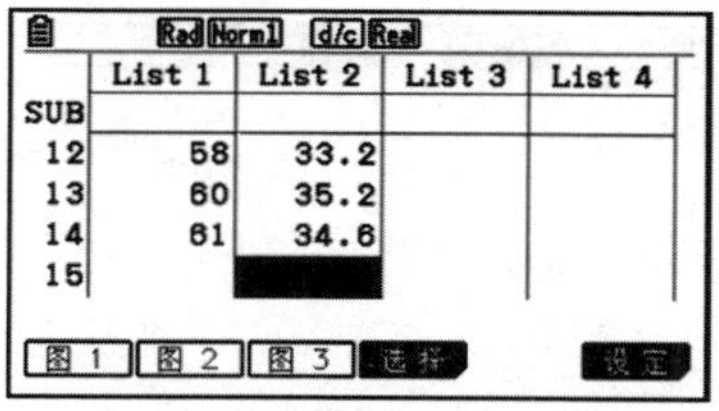

图 3-15

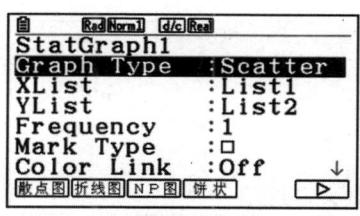
图 3-16

（4）按［EXE］，回到图 3-15 窗口。

（5）按［F1］（图 1），如图 3-17，绘出散点图。

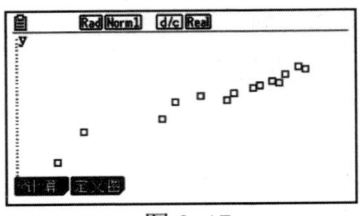
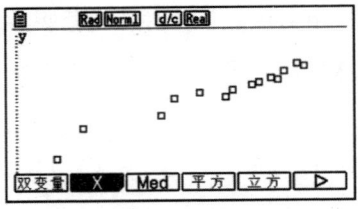

图 3-17　　　　　　　图 3-18

（6）按［F1］（计算），如图 3 - 18，显示回归方程类型选择。按［F2］选择线性回归。

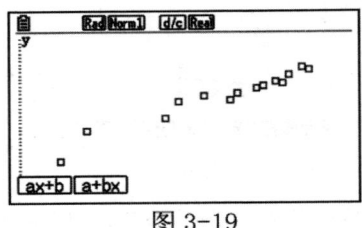
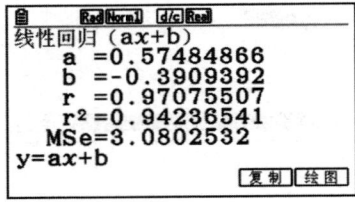

图 3-19　　　　　　　图 3-20

（7）如图 3 - 19，按［F1］，选择 ax + b。如图 3 - 20，显示回归结果。其中，r 为相关系数，MSe 为残差平方和。

（8）按［F6］（绘图），如图 3 - 21，绘制拟合函数的图像。

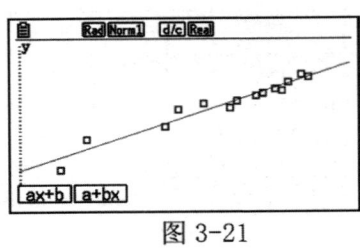
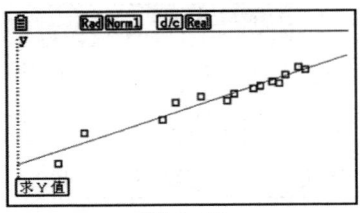

图 3-21　　　　　　　图 3-22

（9）在图 3 - 20 中，若按［F5］（复制），则显示"图形函数"窗口，按［EXE］，则把拟合函数复制给 y1，回到图 3 - 20 状态。

（10）在图 3 - 20 中，按［F6］（绘图），回到图 3 - 21。按［SHIFT］，［F5］（G - Soly，图解），如图 3 - 22，再按［F1］（求 Y 值），如图 3 - 23，显示输入 x 值的对话框，键入 63（年龄），按［EXE］。如图 3 - 24，显示预测：当年龄为 63 岁时，人体的脂肪含量

为 35.82452646。

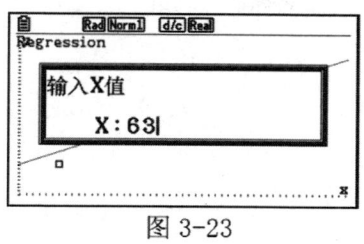
图 3-23

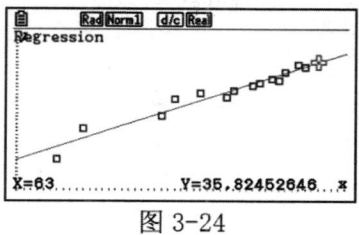
图 3-24

（11）按［MENU］，按数字键［5］，如图 3-25，显示第（9）步中所复制的回归函数表达式。

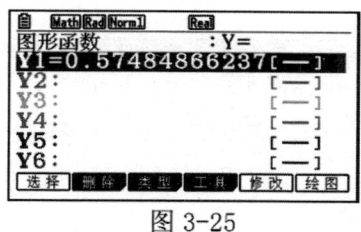
图 3-25

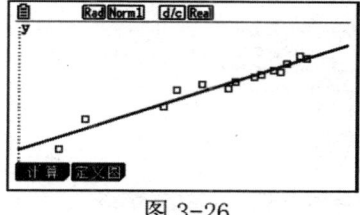
图 3-26

（12）在把拟合函数复制给"图形函数"中的 y1 之后，在图 3-17 窗口，按［F2］（定义图），则显示"图形函数"窗口，选择 y1，按［EXE］，绘制出如图 3-26 的图像。

3. 数据表格功能强大，培养学生数据处理能力

范例 3 某地区不同身高的未成年男性的体重平均值如下表：

身高/cm	60	70	80	90	100	110
体重/kg	6.13	7.90	9.99	12.15	15.02	17.50
身高/cm	120	130	140	150	160	170
体重/kg	20.92	26.86	31.11	38.85	47.25	55.05

（1）根据上述数据，能否建立恰当的函数模型，使它能比较近似地反映这个地区未成年男性体重 ykg 与身高 xcm 的函数关系？试写出这个函数模型的解析式。

(2) 若体重超过相同身高男性体重平均值的 1.2 倍为偏胖，低于 0.8 倍为偏瘦，那么，这个地区一名身高 175cm，体重为 78kg 的在校男生体重是否正常？

选自：普通高中课程标准实验教科书（人教 A 版）数学必修一，第 105 页。

(1) 在主菜单（MENU）窗口，按数字键 4。进入数据表格窗口，接受数据输入。

(2) 如图 4-31，把表格中的身高数据输入 A 列，体重平均值数据输入 B 列中。

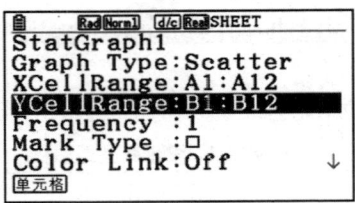

图 4-31　　　　　　图 4-32

(3) 按 [F6]（下页），按 [F1]（图形），按 [F6]（设定）。把光标拨到 GraphType 行，按 [F1]（散点图，Scatter），并指定横坐标为 A1：A12、纵坐标为 B1：B12，如图 4-32。按 [EXE]，完成图形设置，回到图 4-31。

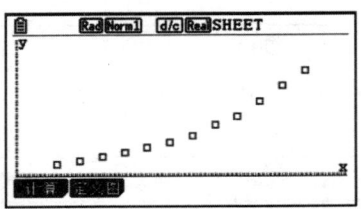 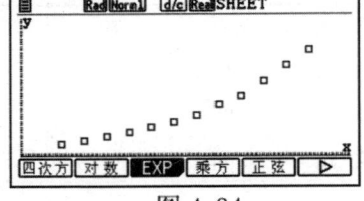

图 4-33　　　　　　图 4-34

(4) 按 [F1]（图1），如图 4-33，绘出散点图。可见，这些点大致分布在一个批数函数的图像上。

(5) 按 [F1]（计算），显示回归方程类型选择。按 [F6]（下页），如图 4-34，按 [F3]（EXP）选择 EXP（指数）函数进行回归分析。

(7) 按 [F2],选择 a·b^x。如图 4-35,显示指数回归结果。其中,r 为相关系数,MSe 为残差平方和。

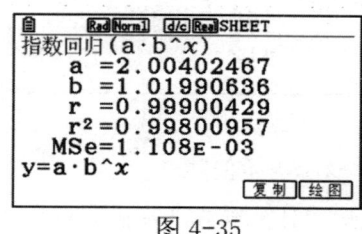

图 4-35

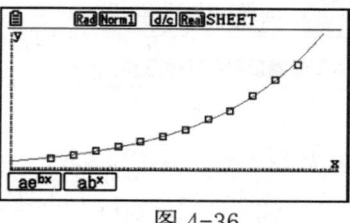

图 4-36

(8) 按 [F6](绘图),如图 4-36,绘制出拟合函数的图像。

(9) 在图 4-35 中,菲按 [F5](复制),则显示"图形函数"窗口,按 [EXE],则把拟合函数复制给 y1,按 [EXIT],回到图 4-35 状态。

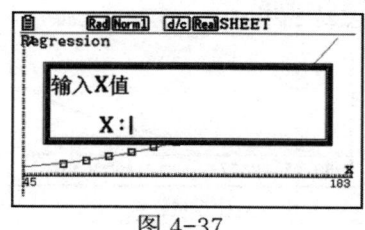

图 4-37

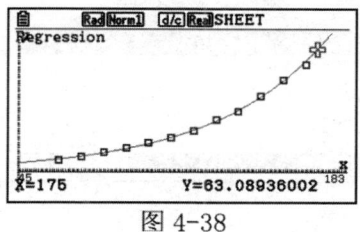

图 4-38

提示:在图 4-33 窗口按 [F2](定义图),也可以开启"图形函数"窗口,选中自定义的函数表达式,进行拟合。

(10) 在图 4-35 中,按 [F6](绘图),回到图 4-36。按 [SHIFT],[F5](G-Solv),再按 [F1](求 Y 值),如图 4-23,显示输入 x 值的对话框,键入 175(身高),按 [EXE]。如图 4-24,显示预测:当身高为 175cm 时,体重约为 63.1kg。

(11) 按 [EXIT],按 [EXIT],回到图 4-39 状态。按 [F2](计算),再按 [F2](双变量),如图 4-40,可见身高 x 的平均值为 115cm,体重 y 的平均值为 24.1kg。

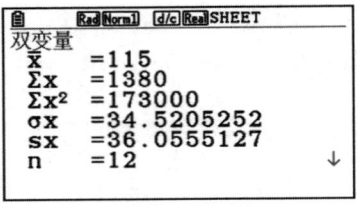

图 4-39　　　　　　　　　图 4-40

因为 $78 \div 63.1 \approx 1.24 > 1.2$，所以，这个男生偏胖。

教科书指出"如果在解决此问题时运用计算器或计算机的拟合功能，那么获得的函数模型更精确。"通过以上的操作，可见，由知高为 175cm 计算获得的 63.1kg 的体重更为精确。

（12）按［MENU］，按数字键［5］。如图 4-41，显示第（9）步中所复制的回归函数表达式。

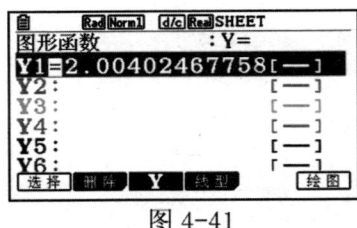
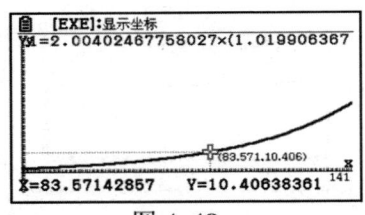

图 4-41　　　　　　　　　图 4-42

（13）选中 y1，按［EXE］，绘制出如图 4-42 的图像。按［SHIFT］，［F1］（追踪）可以观察图像上个点的坐标，即身高与体重的对应值。

提示：

在图 4-39 状态，按［F3］（存储），如图 4-43 所示，按［F2］（列表），作如图 4-44 的编辑，按［EXE］，可以把 A 列身高这一列的数据复制到统计功能下的 List1 中。同样可以把体重这一列的数据复制到统计功能下的 List2 中。如图 4-45，这说明"数据表格"与"统计"有很好互换性。可以根据需要选择哪一种功能。

图 4-43   图 4-44

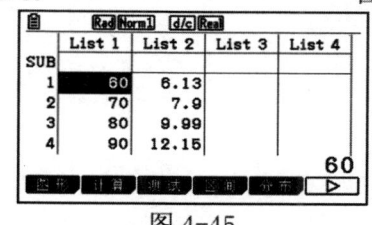

图 4-45

  现在的图形计算器功能十分强大，还有一些编程、统计与概率、教学探索、教师备课的电子教案等功能，为教师备课，学生探究提供方便。

  图形计算器的使用使学习模式随之变成了一种探索式学习。在信息技术环境下，教师不再是简单的知识的灌输者，而是学生的获取知识的引导者，学生也不再是知识的被动接受者，而是知识的主动探求者、创造者，充分地体现了教师的主导作用与学生的主体作用。学生借助 TI 图形计算器自己进行操作、探索，为学生理解难点知识创造了条件，缩短了掌握知识的时间，提高了掌握知识的效率。

  总之，信息技术介入课堂，为学生创造了人机交互、即时反馈的学习环境，使学生在学习过程中可以调动多种感官协同作用，从而对数学产生了浓厚兴趣。信息技术的引入也为《新课标》的顺利实行提供了有力的保证。

例谈高中数学考试及其命题技术

命题、评价改革工作是中小学教育教学工作最重要的组成部分之一，也是中小学教育教学的关键。高中数学考试是高中数学教育评价的核心环节之一。做好高中数学考试命题及其分析工作，往往常常成为高中教育评价工作的关键。本文通过高中数学的典型试题实例，分析高中数学考试的特点，研究新理念下高中数学命题技术。

一、怀柔区 2010 学年第一学期质量检测高一数学考试分析报告

今年我区高一共有 1869 人参加第一学期高一数学期末质量检测考试。考试于 2011 年 1 月 19 日进行，1 月 22 日数学教师进行了集体阅卷。这次考试是对学生已有的和潜在的后续学习能力的一次检测，具有准确性和客观性。本分析报告将为今后的教学提供更加准确的信息，有利于引导和促进数学教学全面落实《高中数学课程标准》所设立的课程目标，有利于更新教师的课堂教学理念，改进教师的教学行为，有利于调控学校教学，为新课改背景下的数学教学提供更加有利的教学导向，有利于提高数学教学质量。现将这次考试分析如下：

1. 命题背景分析

（1）命题指导思想

本着"以学生发展为本"的思想为指导，力求体现新课改的理念，有利于我区中学数学教学改革，有利于减轻学生过重的学习负担，有利于提高学生学习数学的积极性，有利于学生自主学习能力的提高，有利于学生的个性发展，有利于知识的平稳过渡，有利于全面提高我区高中数学教学质量。

（2）命题思路与依据

本试卷按照《普通高中数学课程标准》的基本要求进行命题。整卷共四大题20小题，满分为150分，考试时间为120分钟。本次考试是一次质量检测考试，用来检查学生进入高中一个学期以来的数学基础知识与基本技能的掌握情况，同时，为了使学生进一步适应高中阶段的学习及高考能力立意的要求，在题型与能力要求方面努力向高考靠拢。注重考查知识主干，体现数学思想，体现《中学数学课程标准》要求和高考方向引领作用。

（3）命题原则与目标

试卷命题遵循以下几个原则：

科学性原则试题要求明确，语言准确简练，无科学性错误，答案无歧义。

导向行原则试题符合《中学数学课程标准》的要求，知识层次遵循高考考试说明要求。

开放性原则试题给学生留有充分思考和发挥的空间，注重调动学有潜能的学生的积极性。

这次考试在知识难度及能力方法的要求上有明显提高，比较重视了数学思想与数学方法的考查。这样做的目的，是想体现出学生在数学学习上的差异，发现教学中存在的问题，从而为下阶段的教学工作提供有效的参考。这次考试由于难度上升了，所以学生的均分与及格率都有所下降，这样做的目的是让学生从自己的成绩中看到了不足，可以明确下学期的任务，为争取好成绩而努力学习。教师也从中看到了自己与兄弟学校相比在教学中存在的问题，可以在下学期的教学中进行补救及调整

2. 试卷的结构和特点

（一）试卷的结构和内容分布

表1：题型、知识点分布

	题型分布			知识点分布		
	选择题	填空题	解答题	集合	函数概念和基本初等函数	数列
分值	40	30	80	28	80	42
比例	27%	20%	53%	19%	53%	28%

表2：能力因素分布

能力因素	题号	分值	所占比例
A	1、16、15	33	22%
B	4、14	10	7%
C	6、8、11、17	28	19%
D	2、3、5、7、9、10、12、13、18、19	65	43%
E	20	14	9%

注：上表中能力因素的字母代号如下：A、运算能力；B、处理数据能力；C、思维能力；D、运用所学数学知识分析和解决问题的能力，E、探究能力。

从表1、表2可以看出高一数学质量检测考试试卷的题型，着重考查了学生的基础知识和学生解决问题的能力。并对学生的探究能力的考查作了初步的尝试，能力要求方面努力向高考靠拢，这就要求学生掌握数学的基本概念和基本方法，逐步提高数学能力，会学数学，会用数学，为今后数学教学明确了方向。

（二）试卷的特点

（1）考查主干知识，注重学生数学能力。

这次的期末考试试卷考查基础知识的题目约为整卷的45%，占65分左右。按照高考的题型设计，考查必修1和数列的主干知识，同时也注意知识覆盖面。对基础知识和基本技能的考查更多地结合知识的背景和解决问题的过程，更多地关注对知识本身意义的理解和在理解基础上的应用。

如试卷中的第 17 题，难度不大，但不是单纯地考查学生对知识的记忆，而是考查学生能否在问题活动中展示函数的知识，是否具有函数思想。

（2）加强数学思想、方法的渗透，注重通性通法。

作为检测性的考试，试题重视考查基础知识、基本方法和基本技能，同时突出了对学生的运算能力、思维能力等基本能力的考查，如第 15 题、第 16 题考查了学生的基本运算能力；第 4 题、第 6 题，注重对学生数形结合的考查；第 20 题考查了学生探究问题的能力。涉及到方程思想，分类思想，数形结合思想等，

整卷更加注重通法通解，淡化技巧，从学生的考查结果来看，试题具有一定的层次性，能真正考出学生的真实水平。如第 7 题、第 8 题只要学生掌握好通法通解，无须技巧，自然可以得分。但在重通法的同时，试题又在寻找不同的途径考查学生思维的广阔性，灵活性和敏捷性。

三、试题概况

（1）设集合 M = {4，5，6，8}，集合 N = {3，5，7，8}，那么 M∪N =北京四中网校

    A. {5，8}   B. {3，4，5，6，7，8}

    C. {3，5，7，8}   D. {4，5，6，8}

【正确答案】b

【命题意图】第 1 题考查集合求并集运算，集合与函数历来是高中数学的传统内容，也是后继学习的基础，是高考必考点，多属容易题；

【考试结果】

题号	满分值	答案	最高分	最低分	平均分	作答人数	得分率%	满分率%	零分率%	标准差	难度	区分度
单选1	5.0	B	5.0	0.0	4.7	1869	94.86	94.86	5.14	1.10	0.95	0.08

选项	人数	比例%
A	88	4.71
C	5	0.27
多选	2	0.11

选项	人数	比例%
B	1773	94.86
D	1	0.05

【试题分析】本题满分率高，说明学生对集合运算的基本概念掌握，体现教师在集合内容的概念教学到位，为后续学习打好基础。

(2) 下列关于二分法的叙述，正确的是（b）

A. 用二分法可以求所有函数零点的近似值

B. 用二分法求方程近似解时，可以精确到小数点后任一数字

C. 二分法无规律可循，无法在计算机上进行

D. 二分法只用于求方程的近似解

【正确答案】b

【命题意图】第2题考查新增知识二分法，内容上衔接了函数零点是与方程根的关系，体现函数的思想以及函数与方程的联系，新课程高考常考点。

【考试结果】

题号	满分值	答案	最高分	最低分	平均分	作答人数	得分率%	满分率%	零分率%	标准差	难度	区分度
单选2	5.0	B	5.0	0.0	1.4	1868	27.82	27.84	72.16	2.24	0.28	0.22

选项	人数	比例%
A	858	45.91
C	36	1.93
多选	3	0.16

选项	人数	比例%
B	520	27.82
D	451	24.13
留空	1	0.05

【试题分析】本题的选项B、D对正确答案影响较大，反映学生对二分法概念理解不透彻，对课程的新增内容要求教学中要引起注意。

(3) 函数 $f(x) = \dfrac{lg(3x+1)}{\sqrt{1-x}}$ 的定义域是

A. $(-\dfrac{1}{3}, 1)$ B. $(-\dfrac{1}{3}, +\infty)$ C. $(-\dfrac{1}{3}, \dfrac{1}{3})$ D. $(-\infty, -\dfrac{1}{3})$

【正确答案】a

【命题意图】第3题考查函数的定义域，高考常考点，对函数本质的理解要通过与初中定义的比较、与其他知识的联系以及不断应用才能逐步理解。

【考试结果】

题号	满分值	答案	最高分	最低分	平均分	作答人数	得分率%	满分率%	零分率%	标准差	难度	区分度
单选3	5.0	A	5.0	0.0	4.5	1869	89.46	89.46	10.54	1.54	0.89	0.27

选项	人数	比例%
A	1672	89.46
C	49	2.62
多选	4	0.21

选项	人数	比例%
B	63	3.37
D	81	4.33

【试题分析】本题满分率高，反应教学中教师对函数定义域求法教法到位，通性通法教学得当，作为试题也起到增强学生学习信心的作用。

（4）如果某地区的森林覆盖率每年平均比上一年增长 10.4%，那么经过年可以增长到原来的 y 倍，则函数 y = f（x）的大致图像为（ ）

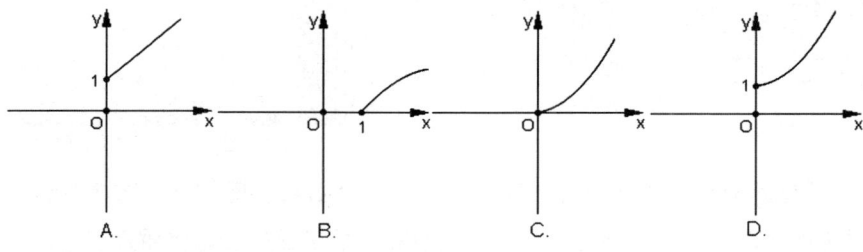

A.　　　　B.　　　　C.　　　　D.

【正确答案】d

【命题意图】第4题考查指数函数的实际应用及指数函数图像，高考常考点，一般属于中档题，把实际问题转化为数学问题，用函数模型解决简单问题是函数应用的重点。

【考试结果】

题号	满分值	答案	最高分	最低分	平均分	作答人数	得分率%	满分率%	零分率%	标准差	难度	区分度
单选4	5.0	D	5.0	0.0	3.7	1867	74.16	74.24	25.76	2.19	0.74	0.31

选项	人数	比例%
A	192	10.27
C	190	10.17
多选	3	0.16

选项	人数	比例%
B	96	5.14
D	1386	74.16
留空	2	0.11

【试题分析】学生能分析出实际问题函数解析式，但与对应的函数图

像联系发生困难，数形结合能力需要进一步提高。

(5) 已知函数 $f(x) = \begin{cases} \log_2 x & (x>0) \\ 3^x & (x \leq 0) \end{cases}$，则 $f\left[f\left(\dfrac{1}{4}\right)\right]$ 的值是

A. $\dfrac{1}{9}$ B. 9   C. $-\dfrac{1}{9}$ D. -1

【正确答案】a

【命题意图】第 5 题考查分段函数、指数、对数函数，属于中档题，通过指数对数函数和分段考查学生对函数概念及符号的理解。

【考试结果】

题号	满分值	答案	最高分	最低分	平均分	作答人数	得分率%	满分率%	零分率%	标准差	难度	区分度
单选5	5.0	A	5.0	0.0	4.1	1867	81.92	82.00	18.00	1.92	0.82	0.45

选项	人数	比例%	选项	人数	比例%
A	1531	81.92	B	59	3.16
C	231	12.36	D	43	2.30
多选	3	0.16	留空	2	0.11

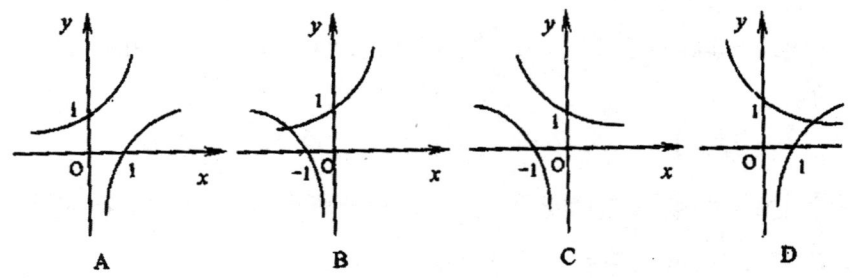

【试题分析】本题反应大部分学生对分段函数掌握较好，造成其他错误选项比例大，主要原因是学生对指数和对数函数的运算性质理解不清。

(6) 已知 $a>0$，$a \neq 1$，函数 $y = a^x$，$y = \log_a(-x)$ 的图像大致是下面的（ ）

A   B   C   D

【正确答案】b

【命题意图】第 6 题考查指数对数函数及图像的变换，高考常考题型，基本初等函数的重点是函数图像和性质，函数图像的变换利于学生理

解函数的抽象性。

【考试结果】

题号	满分值	答案	最高分	最低分	平均分	作答人数	得分率%	满分率%	零分率%	标准差	难度	区分度
单选6	5.0	B	5.0	0.0	2.5	1868	50.56	50.59	49.41	2.50	0.51	0.38

选项	人数	比例%	选项	人数	比例%
A	414	22.15	B	945	50.56
C	245	13.11	D	261	13.96
多选	3	0.16	留空	1	0.05

【试题分析】函数图像的变换抽象性强，学生在掌握指数对数函数图像的基础上，才能形成正确解答，对指数和对数函数这两个基本模型还学要进一步掌握。

（7）在等比数列 $\{a_n\}$ 中，$a_5 + a_6 = 4$，$a_{15} + a_{16}$ 则 $a_{25} + a_{26}$ 等于（c）

A. 4　　B. 16　　C. 64　　D. 1

【正确答案】c

【命题意图】第 7 题考查等比数列的性质及运算，高考常考点，体现教材注重数列特性的研究，考查学生是否掌握数列中各量的基本关系。

【考试结果】

题号	满分值	答案	最高分	最低分	平均分	作答人数	得分率%	满分率%	零分率%	标准差	难度	区分度
单选7	5.0	C	5.0	0.0	4.8	1868	95.45	95.50	4.50	1.04	0.95	0.09

选项	人数	比例%	选项	人数	比例%
A	17	0.91	B	44	2.35
C	1784	95.45	D	23	1.23
留空	1	0.05			

【试题分析】大部分学生掌握等比数列中各量的基本关系，对学生的解法还需要进一步研究，是通过各量的计算，还是通过数列性质解题，反映学生对这部分内容的认知水平。

（8）等差数列 $\{a_n\}$、$\{b_n\}$ 的前 n 项的和分别记为 A_n、B_n，若 $\dfrac{A_n}{B_n} =$

$\dfrac{2n}{3n+1}$，则 $\dfrac{a_{10}}{b_{10}}$ 等于（ c ）

A. 1   B. $\dfrac{2}{3}$ C. $\dfrac{19}{29}$ D. $\dfrac{20}{31}$

【正确答案】c

【命题意图】第 8 师考查等差数列的性质及运算，高考常考点，课本习题中类型题，中档稍难题，通过性质的考查，关注学生对数列模型的本质的理解。

【考试结果】

题号	满分值	答案	最高分	最低分	平均分	作答人数	得分率%	满分率%	零分率%	标准差	难度	区分度
单选8	5.0	C	5.0	0.0	1.4	1863	28.62	28.72	71.28	2.26	0.29	0.44

选项	人数	比例%	选项	人数	比例%
A	42	2.25	B	437	23.38
C	535	28.62	D	844	45.16
多选	5	0.27	留空	6	0.32

【试题分析】本题是课本习题中类型题，中档稍难，学生的通过率不高，反映学生对这部分知识理解不够，教学中还要注重落实。

二、填空题：本大题共 6 小题，每小题 5 分，共 30 分.

（9）已知幂函数 $y=f(x)$ 的图像过点 $(4,\dfrac{1}{16})$，则此函数的解析式为 $f(x) = $ _____ .

【正确答案】 x^{-2}

【命题意图】考查幂函数模型的掌握。

（10）函数 $y=\sqrt{1-2^x}$ 的值域为 _____

【正确答案】$[0,1)$

【命题意图】通过指数函数和根式考查函数的"三性"

（11）函数 $f(x)=x^2+2ax+1$ 在 $(-\infty,1]$ 上是减函数，则 a 的取值范围是 _____

【正确答案】$(-\infty, -1]$

【命题意图】考查二次函数的单调性问题。

（12）在数列 $\{a_n\}$ 中，若前 n 项和 S_n 满足 $S_n = \dfrac{3}{2}a_n - 3$，则该数列的通项公式 $a_n = $ _____

【正确答案】2×3^n

【命题意图】考查学生是否掌握数列中前 n 项和 S_n 与数列的通项公式 a_n 的关系。

（13）已知函数 $f(x)$ 为偶函数，当 $x \in (0, +\infty)$ 时，$f(x) = 2^x + 1$，当 $x \in (-\infty, 0)$ 时，$f(x) = $ _____

【正确答案】$f(x) = -2^{-x} + 1$

【命题意图】考查偶函数性质和分段函数的掌握情况。

（14）若 $0 < a < b < 1$，则在 a^b，b^a，$\log_a b$，$\log_b a$ 这四个数中最大的一个是_____

【正确答案】$\log_b a$

【命题意图】基本初等函数研究的重点是图像和性质，由形到数的翻译，直观到抽象的转变考查学生是否掌握初等函数模型。

【考试结果】

题号	满分值	最高分	最低分	平均分	作答人数	得分率%	满分率%	零分率%	标准差	难度	区分度
9-14	30.0	30.0	0.0	9.6	1869	32.16	0.00	0.00	7.99	0.32	0.54

分值	人数	比例%
0.0	383	20.49
10.0	395	21.13
20.0	148	7.92
30.0	59	3.16

分值	人数	比例%
5.0	495	26.48
15.0	285	15.25
25.0	104	5.56

分数段	平均分
≥150	30
140-145	27.1
130-135	25.7
120-125	22.6
110-115	20.6
100-105	17.6
90-95	16.1
80-85	13.3
70-75	10.7
60-65	8.5
50-55	6.1
40-45	5.5
30-35	3.2
20-25	1.2
10-15	0
0-5	1

分数段	平均分
145-150	29.4
135-140	25.7
125-130	23.8
115-120	23.4
105-110	20
95-100	16.9
85-90	15.1
75-80	11.6
65-70	10.4
55-60	8.3
45-50	6.5
35-40	3.5
25-30	2.6
15-20	0.3
5-10	0
<0	1

【试题分析】对我区学生来讲，填空题解答是薄弱环节。本次考试填空题内容涉及面较大，其中涉及二次函数、指数、对数、幂函数基本函数模型，涉及函数的定义域、值域、奇偶性、单调性等函数性质，数列的通项、分段函数特殊函数模型。题目综合性较强，对学生学习中难点的针对性较强，灵活运用知识的要求较高，因此得分率不是令人满意。在得分5分以下学生人数为878人，表明我区高一学生的整体能力还是有待提高。平时教学中经常听到学生发出感慨："上课都听懂了，但作业和考试时还是不会做。"说明学生只知其然，而不知其所以然，做作业往往只停留在模仿的水平上。也为我们教学上提出了思考：如何帮助学生更深入的挖掘题目背后所隐藏的数学思想和数学方法，建立合理的知识结构。

三、解答题：本大题共 6 小题，共 80 分．解答应写出文字说明，演算步骤或证明过程．

（15）（本小题共 13 分）

已知集合 $A = \{x \mid 3 \leq x < 6\}$，$B = \{x \mid 2 < x < 9\}$．

（1）求 $C_R(A \cap B)$，$(C_R B) \cup A$；

（2）已知 $C = \{x \mid 3 \leq x < a+1\}$，若 $C \subseteq B$，求实数 a 的取值集合．

【正确答案】

（1）$\because A \cap B = \{x \mid 3 \leq x < 6\}$，$\therefore C_R(A \cap B) = \{x \mid x < 3, \text{或} x \geq 6\}$ 4

$\because C_R B = \{x \mid x \leq 2, \text{或} x \geq 9\}$，$\therefore (C_R B) \cup A = \{x \mid x \leq 2, \text{或} 3 \leq x < 6, \text{或} x \geq 9\}$ 7

（2）$\because C \subseteq B$ 如图示（数轴略）$\therefore \begin{cases} a \geq 2 \\ a+1 \leq 9 \end{cases}$ 10

解之得 $2 \leq a \leq 8$，$\therefore a \in [2, 8]$ 13

【命题意图】集合语言是数学的基本语言，是进一步学习其他数学内容不可缺少的工具，集合的重点和难点是集合的关系和运算。要求高一学生在数集的运算上一定要过关。

【考试结果】

题号	满分值	最高分	最低分	平均分	作答人数	得分率%	满分率%	零分率%	标准差	难度	区分度
15	13.0	13.0	0.0	5.5	1869	42.02	0.00	0.00	4.57	0.42	0.70

分值	人数	比例%	分值	人数	比例%
0.0	499	26.70	1.0	74	3.96
2.0	87	4.65	3.0	64	3.42
4.0	151	8.08	5.0	92	4.92
6.0	117	6.26	7.0	103	5.51
8.0	104	5.56	9.0	108	5.78
10.0	85	4.55	11.0	163	8.72
12.0	51	2.73	13.0	171	9.15

分数段	平均分	分数段	平均分
≥150	13	145-150	12.9
140-145	12.1	135-140	11.5
130-135	11.2	125-130	10.9
120-125	9.8	115-120	11.2
110-115	10.6	105-110	10.4
100-105	10	95-100	9.7
90-95	9.3	85-90	8.9
80-85	9	75-80	8.7
70-75	8	65-70	6.6
60-65	6.1	55-60	4.7
50-55	4.1	45-50	2.6
40-45	2.5	35-40	1.6
30-35	0.9	25-30	0.7

【试题分析】本题解答需要对集合语言理解，集合符号认识，学生的集合运算方法能够掌握，第一问失分原因在于运算，第二问失分对 $C \subseteq B$ 理解不透彻，大部分学生的解答结果

中丢掉等号。

（16）（本小题共 14 分）

（1）设 $log_a 2 = m$，$log_a 3 = n$，求 a^{2m+n} 的值；

（2）计算：$log_4 9 - log_2 12 + 10^{-lg\frac{1}{2}}$

【正确答案】

解：(1) $\because log_a 2 = m$，$log_a 3 = n$，$\therefore a^m = 2$，$a^n = 3$……4 分

$\therefore a^{2m+n} = a^{2m} \cdot a^n = (a^m)^2 \cdot a^n$……6 分

$= 2^2 \cdot 3 = 12$……7 分

(2) 原式 $= log_2 3 - (log_2 3 + log_2 4) + 10^{lg\frac{2}{5}}$……4 分

$= log_2 3 - log_2 3 - 2 + \frac{2}{5} = -\frac{8}{5}$……7 分

【命题意图】课标要求掌握指数幂的运算，掌握对数的换底公式，理解这两个函数的概念及其运算性质。指数、对数的求值与运算在高考中常有涉及。

【考试结果】

题号	满分值	最高分	最低分	平均分	作答人数	得分率%	满分率%	零分率%	标准差	难度	区分度
16	14.0	14.0	0.0	7.0	1869	49.94	0.00	0.00	4.98	0.50	0.73

分值	人数	比例%	分值	人数	比例%
0.0	332	17.76	1.0	137	7.33
2.0	44	2.35	3.0	20	1.07
4.0	95	5.08	5.0	58	3.10
6.0	11	0.59	7.0	344	18.41
8.0	68	3.64	9.0	159	8.51
10.0	171	9.15	11.0	15	0.80
12.0	9	0.48	13.0	4	0.21
14.0	402	21.51			

分数段	平均分	分数段	平均分
>=150	14	145-150	13.6
140-145	13.9	135-140	13.8
130-135	13.6	125-130	13.4
120-125	12.8	115-120	11.9
110-115	13.3	105-110	12.2
100-105	11	95-100	12
90-95	11.2	85-90	10.4
80-85	10.4	75-80	9.6
70-75	9.6	65-70	9
60-65	7.3	55-60	7
50-55	6.6	45-50	4.8
40-45	3.9	35-40	2.4
30-35	1.9	25-30	1.3
20-25	1	15-20	0.3
10-15	0.1	5-10	0
0-5	1	<0	1

【试题分析】完成第一问的基础要求学生掌握指数对数式的互化,掌握指数幂的运算又为学生灵活选择解法奠定基础。学生在第一问不能顺利过关,说明学生对概念的本质理解不透彻。使得得分在 7 以下的学生超过 53%。完成第二问的基础要求学生掌握对数的换底公式及对数运算性质,高分学生较少说明大部分学生不能达到课标要求,同时在阅卷中也看到学生的运算能力不能达标。

(17)(本小题共 13 分)

已知函数 $f(2^x)$ 的定义域为 $[-1,1]$,求函数 $f(\log_2 x)$ 的定义域.

【正确答案】

解:∵ $f(2^x)$ 的定义域为 $[-1,1]$,即 $x \in [-1,1]$ 2

∴ $2^x \in \left[\dfrac{1}{2}, 2\right]$ 6

$\therefore f(x)$ 的定义域为 $\left[\dfrac{1}{2}, 2\right]$ 8

由 $\log_2 x \in \left[\dfrac{1}{2}, 2\right]$ 得 $x \in [\sqrt{2}, 4]$ 12

$\therefore$ 函数 $f(\log_2 x)$ 的定义域为 $[\sqrt{2}, 4]$ 13

【命题意图】函数是高中数学的主脉络,函数概念和性质都是教学的重点和难点,本题以函数定义域为依托,综合考查了指数、对数两个函数模型。

【考试结果】

题号	满分值	最高分	最低分	平均分	作答人数	得分率%	满分率%	零分率%	标准差	难度	区分度
17	13.0	13.0	0.0	3.5	1869	27.20	0.00	0.00	4.73	0.27	0.59

分值	人数	比例%	分值	人数	比例%
0.0	766	40.98	1.0	224	11.99
2.0	277	14.82	3.0	2	0.11
4.0	96	5.14	5.0	5	0.27
6.0	58	3.10	7.0	5	0.27
8.0	101	5.40	9.0	1	0.05
10.0	7	0.37	11.0	15	0.80
12.0	76	4.07	13.0	236	12.63

分数段	平均分	分数段	平均分
>=150	13	145-150	13
140-145	12.9	135-140	11.9
130-135	11.5	125-130	11.4
120-125	10.2	115-120	9.6
110-115	9.2	105-110	9.3
100-105	8.5	95-100	6.8
90-95	6.9	85-90	6.6
80-85	4.9	75-80	4.9
70-75	3.5	65-70	3.3
60-65	3.2	55-60	2
50-55	1.6	45-50	1.2
40-45	1.1	35-40	0.8
30-35	0.6	25-30	0.4
20-25	0.2	15-20	0.1
10-15	0.2	5-10	0
0-5	1	<0	1

【试题分析】学生在解答本题时,大部分学生对已知条件 $f(2^x)$ 的定义域为 $[-1, 1]$ 得到 $x \in [-1, 1]$,还是 $2^x \in \left[\dfrac{1}{2}, 2\right]$ 不能准确判断,究其原因还是对函数概念不能准确把握。

(18). (13分) 已知二次函数$f(x)$满足$f(x-3)=f(-x-3)$,且该函数的图像与y轴交于点$(0,-1)$,在x轴上截得的线段长为$2\sqrt{6}$。

(1) 确定该二次函数的解析式;

(2) 当$x\in[-6,-1]$时,求$f(x)$值域。

【正确答案】

1. 解:(1) $\because f(x)$满足$f(x-3)=f(-x-3)$ $\therefore f(x)$的对称轴为$x=-3$——2分

$\because$ 在x轴上截得的线段长为$2\sqrt{6}$ $\therefore -3-\sqrt{6}$,$-3+\sqrt{6}$为函数的两个零点——4分

设二次函数$f(x)=a(x+3+\sqrt{6})(x+3-\sqrt{6})$ 把$(0,-1)$代入的$a=-\dfrac{1}{3}$

$\therefore f(x)=-\dfrac{1}{3}x^2-2x-1$——8分

(2) 当$x=-6$时,$y_{min}=-1$,当$x=-3$时,$y_{man}=2.$ $\therefore$ 值域为$[-1,2]$——13

【命题意图】函数的教学要注意初高中知识的衔接,二次函数是函数的重点内容,本题解法多样,学生对函数的不同理解可以选择不同的解题方法,体现教学中以基本函数为依托,逐步理解函数的本质的课标要求。

【考试结果】

题号	满分值	最高分	最低分	平均分	作答人数	得分率%	满分率%	零分率%	标准差	难度	区分度
18	13.0	13.0	0.0	2.4	1869	18.73	0.00	0.00	3.68	0.19	0.42

分值	人数	比例%	分值	人数	比例%
0.0	707	37.83	1.0	151	8.08
2.0	675	36.12	3.0	45	2.41
4.0	61	3.26	5.0	4	0.21
6.0	7	0.37	7.0	4	0.21
8.0	23	1.23	9.0	1	0.05
10.0	28	1.50	12.0	12	0.64
13.0	151	8.08			

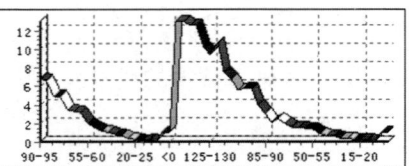

分数段	平均分	分数段	平均分
≥150	13	145-150	13
140-145	12.6	135-140	12.6
130-135	10.2	125-130	9.4
120-125	10.8	115-120	7.6
110-115	6.8	105-110	5.6
100-105	5.9	95-100	5.7
90-95	4	85-90	3.1
80-85	2.1	75-80	2.5
70-75	2	65-70	1.6
60-65	1.6	55-60	1.5
50-55	1.5	45-50	0.9
40-45	0.7	35-40	0.7
30-35	0.4	25-30	0.4
20-25	0.2	15-20	0.3
10-15	0.2	5-10	0
0-5	1	<0	1

【试题分析】本题源自必修一习题,对于函数关系 $f(x-3)=f(-x-3)$ 的不同理解,可以利用二次函数性质解题,也可以通过建立方程解题,题目解法多样,解法能够反映学生对函数的理解程度,这也是对高一出现数学方法待定系数法做重点考查。大部分学生失分在于计算,教学中加强运算能力的培养,是提高数学素养的重要手段。

(19)(本小题共13分)

已知等比数列 $\{a_n\}$ 中,$a_1=1$,且 $2a_2=a_3$

(1)求数列 $\{a_n\}$ 的通项公式;

(2)若数列 $\{b_n\}$ 满足 $b_n=2n-1+a_n$($n\in N^*$),求 $\{b_n\}$ 的值 n 项和 S_n。

【正确答案】

解:(I)设等比数列 $\{a_n\}$ 的公比为 q

∴ $2a_2=a_3$

$$\therefore q = \frac{a_3}{a_2} = 2 \quad \cdots\cdots\cdots\cdots\cdots\cdots\cdots\cdots\cdots\cdots\cdots\cdots\cdots\cdots \text{2 分}$$

$$\therefore a_n = a_1 q^{n-1} = 2^{n-1} \ (n \in N^*) \quad \cdots\cdots\cdots\cdots\cdots\cdots\cdots \text{6 分}$$

（Ⅱ）$\because b_n = 2n - 1 + a_n$

$$\therefore S_n = (1+1) + (3+2) + (5+2^2) + \cdots + (2n-1+2^{n-1}) \cdots$$

$$\cdots\cdots\cdots\cdots\cdots\cdots\cdots\cdots\cdots\cdots\cdots\cdots\cdots\cdots\cdots\cdots\cdots\cdots\cdots \text{8 分}$$

$$= [1+3+5+\cdots(2n-1)] + (1+2+2^2+\cdots+2^{n-1}) \cdots\cdots \text{10 分}$$

$$= \frac{1+(2n-1)}{2} \cdot n + \frac{1-2^n}{1-n} \quad \cdots\cdots\cdots\cdots\cdots\cdots\cdots\cdots \text{12 分}$$

$$= n^2 + 2^n - 1 \quad \cdots\cdots\cdots\cdots\cdots\cdots\cdots\cdots\cdots\cdots\cdots\cdots\cdots \text{13 分}$$

【命题意图】在数列教学中，应保证基本技能训练，引导学生掌握数列中各量之间的基本关系，本题是一道求等比数列通项公式问题，涉及等差、等比数列求和，高考常考题，此题要求对公式及性质非常熟练，才能正确完整解答。

【考试结果】

题号	满分值	最高分	最低分	平均分	作答人数	得分率%	满分率%	零分率%	标准差	难度	区分度
19	13.0	13.0	0.0	5.3	1869	41.09	0.00	0.00	4.50	0.41	0.72

分值	人数	比例%	分值	人数	比例%
0.0	547	29.27	1.0	55	2.94
2.0	86	4.60	3.0	36	1.93
4.0	11	0.59	5.0	20	1.07
6.0	309	16.53	7.0	386	20.65
8.0	44	2.35	9.0	10	0.54
10.0	40	2.14	11.0	49	2.62
12.0	20	1.07	13.0	256	13.70

分数段	平均分	分数段	平均分

【试题分析】学生在解答本题时，不能由条件$\because 2a_2 = a_3$得到$\therefore q = \frac{a_3}{a_2}$ =2，寻找不到入手点，出现十分严重的失分严重的情况。数列问题重点要探求各量之间的基本关系，在此基础上准确应用公式才能完成准确解答。

(20)（本小题共 14 分）

在数列 $\{a_n\}$ 中，已知 $a_1=2$，$a_2=4$，且对任意 $n\in N_+$ 都有 $a_{n+2}=3a_{n+1}-2a_n$.

（1）令 $b_n=a_{n+1}-a_n$，求证数列 $\{b_n\}$ 是等比数列，并求出数列 $\{b_n\}$ 的通项公式；

（2）求数列 $\{a_n\}$ 的通项公式；

（3）求数列 $\{na_n\}$ 的前 n 项和

【正确答案】

解：（1）证明：根据题意知 $a_{n+2}=2(a_{n+1}-a_n)$

即 $b_{n+1}=2b_n$ 且 $b_1=a_2-a_1=2$ 所以数列 $\{b_n\}$ 是以 2 为首项，以 2 为公比的等比数列，

所以 $b_n=b_1\times b_2^{n-1}=2^n$ ·········· 4

（2）根据叠加法得

$a_n-a_1=(a_n-a_{n-1})+(a_{n-1}-a_{n-2})+\cdots+(a_2-a_1)$

$=b_{n-1}+b_{n-2}+\cdots+b_1=2^{n-1}+2^{n-2}+\cdots+2$

$=2^n-2$

所以 $a_n=2+(2^n-2)=2^n$ ·········· 8

（3）$S_n=1\times 2+2\times 2^2+3\times 2^3+\cdots+n\times 2^n$

$\therefore 2S_n=1\times 2^2+2\times 2^3+\cdots+(n-1)\times 2^n+n\times 2^{n+1}$ ·········· 10

$-S_n=2+2^2+2^3+\cdots+2^n-n\times 2^{n-1}$

所以 $\dfrac{2(1-2^n)}{1-2}-n\times 2^{n+1}=(1-n)2^{n+1}-2$

所以 $S_n=(n-1)2^{n+1}+2$ ·········· 14

【命题意图】本题是数列的综合问题，涉及数列递推、求和、求通项，两个数列间的相互转换，学生最害怕这类问题，解答 20 题需要数列知识全面，属于高考常考题中的难题。数列作为特殊的函数，有助于提升学生对函数思想的理解水平。

【考试结果】

题号	满分值	最高分	最低分	平均分	作答人数	得分率%	满分率%	零分率%	标准差	难度	区分度
20	14.0	14.0	0.0	2.7	1869	18.95	0.00	0.00	3.49	0.19	0.43

分值	人数	比例%
0.0	789	42.22
2.0	180	9.63
4.0	266	14.23
6.0	82	4.39
8.0	28	1.50
10.0	27	1.44
12.0	26	1.39
14.0	53	2.84

分值	人数	比例%
1.0	180	9.63
3.0	98	5.24
5.0	61	3.26
7.0	31	1.66
9.0	25	1.34
11.0	13	0.70
13.0	10	0.54

分数段	平均分
≥150	14
140-145	13.4
130-135	10.7
120-125	8.6
110-115	7.2
100-105	5.7
90-95	3.9
80-85	3.8
70-75	2.4
60-65	2
50-55	1.8
40-45	0.7
30-35	0.4
20-25	0.1
10-15	0
0-5	1

分数段	平均分
145-150	12.4
135-140	12.6
125-130	11.4
115-120	7.3
105-110	7
95-100	4.9
85-90	4
75-80	3.1
65-70	2.2
55-60	1.9
45-50	1
35-40	0.4
25-30	0.1
15-20	0
5-10	0
<0	1

【试题分析】 本题是数列的综合问题,其中涉及数列递推、求和、求通项,两个数列间的相互转换,属于难题。正确解答需要数列知识全面和一定的探究能力。

三、学科成绩分析

（一）学生数学成绩两极分化大

学科分析报告

学科	人数	满分值	平均分	最高分	最低分	标准差	得分率%	难度	区分度	信度
数学	1869	150.0	63.2	150.0	5.0	30.44	42.13	0.42	0.50	0.78

难度	分值比例%
0.1	7.3
0.3	48
0.5	3.3
0.7	8
0.9	3.3

难度	分值比例%
0.2	7.3
0.4	8.7
0.6	4
0.8	3.3
1	6.7

纵观整卷成绩，各分数段学生都有分布，成绩好的学生，在任何一个知识点的考查中都有上佳表现。不管试题是针对那个知识点出的，都有好的发挥，相反，如果综合性强一些，题目灵活一点，部分学生就会表现出解题困难，对概念缺少深刻的理解，方法运用不够灵活等问题。

全区学校平均分最高85.8分，最低28.7分，相差57.1分。全区班级平均分最高117.7分，最低21.1分，相差96.6分，全区班级优秀率最高39.5%，最低0%，相差39.5%。全区班级及格率最高93.2%，最低0%，相差93.2%，学生个体分数最高150，最低5，相差达到145分。学科报告数据标准差大，都表明我区学生数学成绩两极分化大，试题对学生成绩定位做出良好的区分，但优秀生人数偏少，而数学科学困生人数偏多。

（二）学生整体数学基础薄弱

通过本次考试可以看到我们高一教师教法上有很多值得肯定的地方，比如我们教师对初高中的衔接问题认识透彻，对二次函数问题，因式分解，方程的跟与系数关系问题都进行了深化和补充。从学生对二次函数问题的解答上看问题，虽能看到大部分学生有思路，有想法。然而得分率却不理想，失分的大部分原因是方程解不出，或是运算错误。说明我们教师对初高中的衔接问题认识透彻，这样的衔接问题处理得好，必能使我们的后续教学受益，也充分说明大部分教师经验丰富，心中有高考方案。而且学生在高一数学检测考试的有关运算考查中，错误层出不穷，花样繁多，都说明我们学生整体数学基础薄弱，提高数学科教学质量迫在眉睫，高中数学教师任重道远。

4. 思考与建议

高一学生刚从初中升入高中仅一个学期，部分学生对高中学习没有完全适应，本次考试对他们来说，难度有了一定的提高，评分时也比较严格，因而造成成绩不高是可以理解的。同时也暴露了师生在教与学中存在的问题，如少数学生轻视基础知识，造成容易题做不对，难题不会做。这值得我们全体高一数学教师好好地总结，在以后的教学工作中加以调整。

教学质量检测分析，其目的是为了更好加强我区的教学质量，加强对教学的投入力度，通过评估质量分析，了解教学中存在的问题和不足，从而有针对性抓好教育教学，使我区高中教学质量能上一个新的台阶。通过这次数学检测，在今后的数学教学中，我们建议：

1. 进一步转变教学观念

认真学习《普通高中数学课程标准》，研读高考考试说明，在教学中注重学生的主体性，把研究性学习引入课堂教学中，重视知识的发生与发展过程，把学习的主动权交给学生。注重教学情境的创设与教学过程的精心设计，让学生充分参与到教学过程中来，要强调知识掌握的效率与课堂教学的效益。在保证质量的基础上，一步一个脚印，扎扎实实地完成教学任务

2. 高度重视课本，切实夯实基础

教师要深入研究教材，对教材中的基本概念、定理、性质以及它们的限制条件等等要仔细地推敲，帮助学生理解和领悟。在每一模块、每一章节的内容结束时，要将各个知识点，根据其发生的过程和内在联系，通过对知识的分类、整合，使之系统化，为学生提供新的视角。重视基础知识和基本技能，加强通法通则的学习与应用。在加强基础的前提下培养学生的能力。不能一味地让学生只做简单题而忽略能力培养，也不能用过难的题目去要求学生。要让学生在掌握基础知识的前提下培养能力。

3. 课堂教学要重视概念教学

本次考试反映出，考生自觉运用概念解决问题的意识还不是很强．对于概念的掌握也是存在的较多的问题．从新课标的要求来看，十分重视概念的教学．事实上，概念是思维的细胞；"数学根本上是概念"因此我们必须十分重视基本概念的教学，在核心概念的教学上更要做到"不惜时，不惜力"。然而，当前的课堂教学中，对概念教学重视不够是一个比较普遍的现象。"一个定义，三项注意"式的抽象讲解，在学生对概念还没有基本理解的时候就要求学生进行概念的综合应用，认为教概念不如多讲几道题目更实惠的想法令人担心，这一问题必须引起我们的足够重视。

4. 提高能力关键要抓方法渗透

数学思想方法作为数学的精髓，历来是高考数学考查的重中之重。"突出方法永远是高考试题的特点"，这就要求我们在数学教学中应重视"通法"，重点抓方法渗透。首先，我们应充分地重视数学思想方法的总结提炼，尽管数学思想方法的掌握是一个潜移默化的过程，但是我们认为，可以遵循"揭示—渗透"的原则，通过练习的应用，来巩固和深化数学思想方法。其次，要真正地重视"通法"，切实淡化"特技"，我们不应过分地追求特殊方法和特殊技巧，不必将力气花在钻偏题、怪题和过于繁琐、运算量太大的题目上，而应将主要精力放在基本方法的灵活运用和提高学生的思维层次上，另外，在教学中，还应充分重视解题回顾，借助于解题之后的反思、总结、引申和提炼来深化知识的理解和方法的领悟。加强综合解题能力的训练；培养学生数学表达能力，从而不断地提高学生的数学思维能力、分析问题能力、解决问题能力。同时还要求学生注意解题的规范性，使学生逐步适应新课程高考的要求。

当前，在新理念下，大量新的教育评价方法不断被实验和采用推广。尽管如此，考试依然是高中教育阶段不可替代的重要评价方法，当然，随着对评价方式方法研究的不断深化，人们对考试自身的一些不断越来越有更清楚地认识。扬长补短，才能使考试的评价功能更加凸现。

一、高中数学考试及其价值取向的变化

正如高中数学课程标准中所说的，"笔试仍是定量评价的重要形式"。新理念下的高中数学教育评价不是不要考试，而是说，数学考试究竟怎么考？考什么？事实上，通过考试进行选拔，在我国有悠久的历史。客观地讲，它对于体现社会的公正、公平、公开，以及唯才是举，具有重要的作用和深远的意义，同时在操作上也比较方便，因而人们接受和认可程度较高。

然而，随着人们对教育规律认识的不断深化，人们逐步认识到，对考试的过分偏爱，是教育一度走入误区，"考什么，学什么、教什么"成为应试教育这一误区的根源所在。另一方面，考试（尤其是笔试）试题的局限性也暴露无遗，诸如数学素养的形成、创新能力、情感态度、价值观等很难通过一张试卷或几道试题，加以全面客观地的反映。然而，在目前的中国现状下，离开考试的高中数学又不是最佳策略。

为此，必须适时调整高中数学考试的价值取向，将考试的优势尽可能多地发挥出来。

当前，新课程下的高中数学考试的变化突出体现为价值取向的变化。与传统的数学考试价值取向相比，新课程下的高中数学考试更加注重发展性、整体性、实践性、开放性、教育性等五个方面的价值取向。

1. 考试目的注重发展性

考试目的随着考试性质的不同，对甄别学生功能的需求有一定的差异，如高考比平时考试的甄别选拔方面的需求大得多，在以往的考试中常有过度运用甄别功能将学生分为优差，进而再用考试情况评价教师并与工作好坏相联系。这种价值取向的严重后果在于，挫伤一些学生的自信心和人格，造成教学的无序和混乱。相比之下，淡化甄别注重发展是新数学课程下考试的基本价值取向和目的，衡量各次考试成效的基本尺子是目标、导向、激励、反馈等发展性功能的发挥状况。

从考试的目标上看，考试命题要"一切为了学生的全面、健康、持续发展"，从考试对象的实际状况出发，遵循课程标准但不面面俱到人为追求"知识技能"考点的覆盖面，注意数学能力、数学兴趣、态度、价值观和理性精神方面的教育目标达标测评，有所体现对过程性目标（经历、体验、探索）的测评。要有利于实现知识、能力与态度等方面的融合与平衡，坚持以发展性为主的指导思想。这就要求考试内容的选择要以知识为基础，以能力为重点，以发展为目标，三者有机融合，而不是简单划分比例，既有效地检测出学生的发展水平，又有效地促进学生的发展。

从考试的导向看，考试指挥棒作用体现在为教与学的方式的改进服务，通过考试抑制将数学能力技能化的过分训练，使探索性与接受性学习并行，为动手实践、主动探索、使用交流的学习方式提供活跃的生存空间。

在推进课程改革实验前期和中期，要注意三个层面：

一是控制计算技能技巧层面的难度和容量，将计算器引入考试中；

二是试题中减少课本和资料上的"变式题"。一度在数学教学中盛行的"变式题"训练，其实质是机械训练追求考试中的现实利益（得分），这种变式训练将活的数学训练成僵化的数学，使学生的数学能力退化成"解题熟练工"，要从源头上堵住这种做法使变式训练让位于真正的培养学生的数学能力；

三是试卷容量不要过大，让学生有充足的思考和答题时间，让单纯提高解题速度的机械训练不能奏效。

从考试的激励功能看，考试命题要体现对学生的人文关怀，摒弃考试就是甄别学业和成绩排队的错误观念，给学生创造能够展示自我所学数学内容的更多机会，这样才能真正做到让学生认识自我，建立数学自信心和争取更大的发展。

如，在笔试命题过程中，整份试卷要面向全体学生，考查内容的主体应当是数学课程的基本要求与核心部分，同时，应当有部分试题具有出一定的思考性，使得试卷既能达到检测学生发展水平的目的，又能达到促进学生发展的双重目标。要有利于实现知识与技能、过程与方法、情感态度与价值观的全面考查。知识与技能是数学教育的基本目标，是实现其他目标的基础与载体，因而在高考数学试卷中应处于基础而又重要的位置。过程与方法是培养学生数学素养的主要目标与根本途径，通过过程获得体验、增进对数学的认识与理解，通过思想方法与思维策略的掌握获得运用数学知识与技能的能力，因而是高考考查的重要目标。情感态度与价值观对前二者起着导向与领航的作用，是数学教育不可轻视的重要目标，因而应当结合有关内容自然地渗透与兼顾这方面的考查。在笔试可能实现的范围内实现三维目标的全面考查，是笔试命题的基本要求。

当然，在可能的条件下，要积极将计算器等现代教育技术引入到高中数学学业考试。这既是考查学生运用现代技术水平的需要，更是社会与数学教育的发展对人才培养的要求，将计算器等引入数学学业考试，有利于加快计算器等进入课堂，因而应当采取积极的态度推进这一工作。

2. 命题构思注意整体性

一套好试题绝不是各个小题的堆砌，它应整体性地反映出当次考试的目的和理念，这一点在构思中就应注意把握。有一些程序操作性的数学技能和特殊的数学解题技艺，往往要用强化训练方式获得，其数学应用和智能开发的价值并不大，如"三角函数恒等变形的证明"中的特殊技巧，应该将其归类于数学的一种游戏，而避免在考试中涉及。从考试源头上削弱过度训练、题海战术的生存价值；再是整体性的把握知识技能和阶段要求和终结要求，避免"人工催熟"式的超前要求和超前考试，尊重学生发展的阶段性和数学能力的过程性。

考试的数学期望一般用及格、高分率、均分三项指标反映。随着考试性质的不同这三项期望值有所不同，如"高考"的高分率期望值与高校招生率高度相关，随着近年来大学招生规模的扩大，高分率期望值逐渐加大。命题构思对考试的及格率、高分率、平均分的期望值应有整体性考虑，这三项指标定的过低，将会明显加大学习竞争并引发过度的机械性解题训练。

考试的"区分度"是一柄双刃剑，一方面考试内在的甄别功能决定了任何考试都存在"区分学生"，有些考试（如高考）更是"区分选拔"的要求较强；另一方面过度的"区分"，如强调"一分之差"的准确无误等，必然会降低数学教学的活力，将教与学从重数学过程引向重数学解题过程。高中阶段的各种考试（包括高考），都应起点不高、难度为平台式上升，"区分选拔性"题目的个数适当、分数要少。从一个群体来说，略为降低一点区分度，可以为教与学带来生机与活力，提升整个群体的学习数学的兴趣，给创新性人才提供了发展的空间。

当然，理想的数学考试应当是"平均分高，同时，区分度好"。

3. 编拟试题注重开放性

考试的开放性体现在两个方面，一是考试方式；二是考试试题。考试方式的改革已有很多作法，如将长周期作业、研究性学习课题纳入到考试范畴和记分，这些无疑是很有价值的，但还难为一般人（社会）的普遍赞同。

在统一时间、统一标准、统一试题的期末考试中，不少实验区尝试考前学生自主选择开卷、先闭后开（客观题闭、主观题开）卷、闭卷的答卷方式和弹性（延长）考试限时的考试方式，取得较好效果，这种做法的优势，一是打乱考试时的班级建制和统一答卷方式，降低了考试后排队的可信度从而缓解了考试对教学的负面压力；二是初步探寻出了一种测试学生数学自信心的方法，显然选择闭卷、缩短考试时间的学生的数学自信心较强，这就将一些隐性的数学过程性目标予以显性化，有利于对学生的全面了解。

4. 试题的内容注重实践性

新课程下的数学教科书的突出特点之一在于数学的生活化、情境化、现实化和大众化，这使得教与学都对数学的认识更全面，看到了现实世界中的数学，这对绝大多数不会终身从事数学工作的学生来说，无疑是好的。高中生数学考试应与之相适应，使考试试题的特征突出实践性。这里的实践性与那些需要长时间完成的课题学习不同：一是避免涉及实际的问题全部过难或者过易，应高中低档题目都有；二是尽量不超过已学知识的范畴，或是能用已学知识在短时间解答；三是除题目的背景来源于实际生活使学生感受到"处处有数学"外，还可以用所学数学知识去解释或观察生活中的某种情景，构思试题。

5. 试题的内涵注重教育性

一套试题的内涵，包含了对数学和数学教育的价值判断，不同时期的试题对数学的教育性有不同要求，新数学课程下的数学试题应与时俱进体现出时代特征，陈旧与僵化的技能技巧和与实际相背离的一些数学应用问题，都不应当再纳入试题范围。在设置与实际相联系的数学问题中：一要注重真实性，使学生受到怎样"用数学"的教育；二是试题的背景，应以正面的教育影响为主，特别是选取学生能感受到的有影响的题材，这样通过考试可以加倍放大其思想教育价值，如可以利用"恩格尔系数"构造有关分段函数等类的试题。

6. 选拔性试题的选材更加关注生活化、现实化

新的普通高中数学课程强调让学生亲身经历将实际问题抽象成数学模型并进行解释与应用的过程。其实，在生活中，会应用数学是现代数学教育发展趋向，从各种形式的情景中获取信息，也是学生适应现代社会必须具备的能力。为此，选拔性试题的选材要从突出数学化的目标出发，题目应来源于社会现实问题数据真实可信，而所涉及的数学知识和方法在今后的实际生活和继续学习中十分重要。

二、高中数学考试的内容

高中阶段的学生数学学业考试的考查内容，应当以《课程标准》中的"内容标准"部分为基本依据。考查的主要方面包括基础知识与基本技能、数学能力、数学活动过程、解决问题能力以及对数学的基本认识等，重点注重考察对数学概念的理解、数学思想方法的掌握、数学思考的深度、探索与创新的水平以及应用数学解决实际问题的能力等。也就是说，高中数学考试的内容选择，既要重视学生知识、技能的掌握和能力的提高，又要重视其情感、态度和价值观的变化；既要重视学生学习水平的甄别，又要重视其学习过程中主观能动性的发挥；既要重视定量的认识，又要重视定性的分析；既要重视教育者对学生的评价，又要重视学生的自评、互评。总之，既要发挥评价的甄别与选拔功能，更要突出评价的激励与发展功能，有利于营造良好的育人环境，有利于数学教与学活动过程的调控，有利于学生和教师的共同成长。

1. 基础知识与基本技能

学生对基础知识和基本技能的理解与掌握是数学教学的基本要求，也是评价学生学习的基本内容。高中数学中的基础知识、基本技能主要包括，基本的数学概念、数学结论的本质，概念、结论等产生的背景、应用，以及其中所蕴含的数学思想和方法，和它们在后续学习中的作用。同时，还包括数学发现和创造的一些基本过程。高中数学考试的内容选取，要注重对数学本质的理解和思想方法的把握，避免片面强调机械记忆、模

仿以及复杂技巧。尤其要把握如下几个要点：

（1）关于学生对数学概念、定理、法则的真正理解。尤其是对数学的理解，至少包括能否独立举出一定数量的用于说明问题的正例和反例。

（2）关于不同知识之间的联系和知识结构体系。即高中数学考试应关注学生能否建立不同知识之间的联系，把握数学知识的结构、体系。

（3）对数学基本技能的考试，应关注学生能否在理解方法的基础上，针对问题特点进行合理选择，进而熟练运用。同时，注意数学语言具有精确、简约、形式化等特点，适当检测学生能否恰当地运用数学语言及自然语言进行表达与交流。

2. 数学能力

在新课程下的高中数学课程内容中，数学能力主要包括：空间想象、抽象概括、推理论证、运算求解、数据处理等基本能力，数学地提出、分析和解决问题（包括简单的实际问题）的能力，数学表达和交流的能力，独立获取数学知识的能力，数学应用意识和创新意识，对现实世界中蕴涵的一些数学模式进行思考和做出判断的能力。

学生能力的获得与提高是其自主学习、实现可持续发展的关键，数学考试对此应有正确导向。能力是通过知识的掌握和运用水平体现出来的，因此，对于能力的评价应贯穿学生数学知识的建构过程与问题的解决过程。

如何评价能力既是课程改革面临的一个重要的课题，也是一个挑战。下面以数学地提出、分析、解决问题能力的评价为例，分析在高中数学考试中如何加以体现。

（1）通过数学探索与数学建模活动，考查学生是否具有问题意识，是否善于发现、提出适当的问题，能否选择有效的方法和手段收集信息、联系相关知识、提出解决问题的思路，建立恰当的数学模型，进而尝试解决问题。

（2）通过对一定的数学问题的解决，考察在解决问题的过程中，能否独立思考，能否对解决问题的方案进行质疑、调整和完善，能否将解决问题的方案与结果，用书面等形式比较准确地表达并进行交流，根据问题的实际要求进行分析、讨论或应用。

（3）通过考试，关注学生能否对自己提出问题和解决问题的过程进行自评与反思。

正如高中数学标准中所指出的，高等院校的招生考试应当根据高校的不同要求，按照高中数学课程标准所设置的不同课程组合进行命题、考试，命题范围为必修系列、选修系列1、选修系列2、选修系列4。根据课程内容的特点，对选修系列3的评价应采用定性与定量相结合的形式，由（高中）学校来完成。高等学校在录取时，应全面地考虑学校对学生在高中阶段数学学习的评价。显然，高中数学考试的命题也必须遵循这些建议和要求。

三、高中数学考试的形式

新课程下的高中实施促进学生发展的多元化评价。促进学生发展的多元化评价的含义是多方面的，包括评价主体多元化、方式多元化、内容多元化和目标多元化等，应根据评价的目的和内容进行选择。其中，主体多元化，是指将教师评价、自我评价、学生互评、家长和社会有关人员评价等结合起来；方式多元化，是指定性与定量相结合，书面与口头相结合，课内与课外相结合，结果与过程相结合等；内容多元化，包括知识、技能和能力，过程、方法，情感、态度、价值观以及身心素质等内容的评价；目标多元化，是指对不同的学生有不同的评价标准，即尊重学生的个体差异、尊重学生对数学的不同选择，不以一个标准衡量所有学生的状况。

当前，考试仍是定量评价的重要方式，而书面闭卷笔试又是考试的主要形式。但要，考试的内容和侧重点都已经发生变化。同时，针对书面闭卷考试形式在考查"数学活动过程"、"解决问题能力"、"对数学的认识"等内容所暴露的局限性，采用其他的考试形式（例如，开卷考试、口试等），并赋予适当的分值比例，与书面闭卷考试一道共同考查学生的数学学习水平，是明智的做法。

特别地，现代信息技术对数学考试形式改革带来的新机遇，充分利用现代信息技术设计考试形式,在今天变得非常重要,如允许计算器进考场,对于开卷的考试,允许利用网络资源等等。

四、高中数学考试的成绩呈现

高中数学《课程标准》中指出,高中数学考试(笔试)可以采取百分制或等级制的方式,评价结果应及时反馈给学生,但要避免根据分数排列名次的现象发生。

对于等级制,高中数学课程标准以及有关资料中并没有涉及。对此,义务教育阶段的一些做法可以借鉴。根据教育部颁布的《国家基础教育课程改革实验区 2004 年初中毕业与普通高中招生制度改革的指导意见》,义务教育阶段数学学业考试的成绩采用等级制的方式呈现。建议的等级标准采用四级制,即优秀(A);良好(B);合格(C);不合格(D):

A 等:对《课程标准》所列核心内容的掌握程度完全达到"内容标准"的要求:①可以从各种数学表达形式中获取必要的信息,并能熟练地在不同的数学表达形式之间进行转换;②能够清晰地识别隐含在实际问题背景之中的基本数学模型,根据其中的数学关系和规律做出合理猜测,并提供判断理由或证明;③能够在不熟悉的情境中,根据对内容的理解,获得解决问题的策略;④能够使用适当的数学知识、技能和技巧解决问题。

B 等:对《课程标准》所列核心内容的掌握程度达到"内容标准"的要求:①能够在一些特定的情境中获取解析式或图像所提供的信息,并可以使用适当的形式表达信息;②能够借助归纳、类比、想象等方式提出一些数学猜测;③能够在一些新的情境中,运用所学内容获得解决问题的策略;④会使用合适的基础知识和基本技能和基本的数学思想方法解决数学问题和应用性问题。

C 等:对《课程标准》所列核心内容的掌握程度基本达到"内容标准"的要求:①理解《课程标准》中所列出的基本数学事实,掌握相应的基本数学技能;②能够在一些简单的情境中获取由解析式或图像(图形)所提供的一些较为直观的信息,并可以使用简单的基本形式表达信息；③能够在熟悉的情境中运用一些所学的基础知识、基本技能或解题程序解决简单的数学问题和应用性问题；④掌握一些基本的数学方法，在解决简单或熟悉的问题时能够独立地选择合适的方法形成解决问题的基本策略。

D 等：对《课程标准》所列核心内容的掌握程度没有达到"内容标准"的要求：①解决常规与基本的数学问题时仍然存在困难；②基本上不能运用数学知识与方法解决现实问题，不会有效地从事思考性数学活动。值得提出的是，呈现考试成绩，还可以结合评语或成长记录等形式进行，也可以结合多样化的作业来进行，如常规作业，开放性、探索性数学问题，数学实验，数学建模，课题研究作业，专题总结报告，而其结果的呈现也可以结合数学学习体会，数学小论文，研究、实验或调查报告（书面、口头）等。

五、衡量高中数学考试有效性的一般指标

提供考试的有效性，是任何考试的追求，高中数学考试也不例外。事实上，试卷质量的好坏直接关系到学生的学业成绩和教学效果的评价，而试卷的质量在一定程度上受制于试题的质量。

衡量考试质量的指标主要有信度、效度、区分度和难度。这些指标的好坏取决于命题和评卷，而计算它们的依据是考生对试题解答情况和评卷所得的分数。

1. 信度

测验的目的在于正确认识被测对象的某种特性，提供可靠信息，所以，信度是测验的必要条件。所谓测验的信度，是指测验结果的一致性或可靠性程度，它表明测验多次，其结果的一致性程度，以及测验分数所反映被试真实水平的可靠程度。一个好的测验必须具有较高的信度。所以，信度是测验的实得分数与真分数相差的程度。实得分数（可用 X 表示）是指实际测量某种事物所获得的测定值，真分数（T）是指被测事物的真实值。由于各种原因，在实际测量中，实得分数常常不可能完全等于真分数，两者之间存在着测量误差，即误差分数（E）。

一般地，信度被定义为一组测验的真分数（T）方差 $ST2$（真变异数）与总方差 $SX2$（实得变异数）的比值，即 $rxx = \dfrac{S_r^2}{S_x^2} = 1 - \dfrac{S_E^2}{S_x^2}$，式中，$rXX$ 为信度系数。

由于教育测验对象的特殊性，需要更加注意测验的信度，从而正确判断测验结果的价值。只有信度高的测验才能成为为数学教育评价提供可靠信息的有用工具。

2. 效度

任何测验都有其特定目的，用来反映测验能实际测出其所要测量的特性或功能程度的指标，称为测验的效度。效度总是和测量目标密切联系，它和信度一样是表征试卷质量的重要指标。信度是测量结果稳定性、一致性的指标，而效度是反映测验符合目的性、测量结果实现目标程度的指标。信度高的测验，效度不一定高。

效度的理论定义为有效分数方差与测验所得分数方差之比，即 $r_{xp} = \dfrac{S_v^2}{S_x^2}$，式中，$cr_{xp}$ 为效度系数；$Sy2$ 为有效方差；$Sx2$ 为总体方差。

在实际应用中，测验效度的高低主要靠逻辑分析和统计的方法进行估计。试卷的效度主要有内容效度和效标关联效度。其中，内容效度是指测验实际测到的内容与所要测量的内容之间的吻合程度，即试题取样的代表性如何。它反映测验题目在所要测的内容范围与教学目标内取样是否充分和确切的问题。教材内容和教学目标是内容效度的两个基本要素。教材是指主题，如数和代数、空间与图形、统计与概率等。编制双向细目表法是估计内容效度的主要方法之一。下表是一位数学教师编制的高中毕业会考数学考试双向细目表。依据双向细目表编制试题，所编试题越符合双向细目表各细格所占的比重，则内容效度越高。

考试内容 \ 能力目标	记忆	理解	应用	分析与综合	总计(%)
1. 数、代数式	2		3		5
2. 解方程		2	3		5
3. 指数、对数	4	3	2		8
4. 三角形、等边形			2	6	8
5. 圆		2		6	8
6. 三角函数		4	4	8	16
7. 解析几何	2	4	4	6	16
8. 立体几何		2	3		5
9. 极坐标参数方程	1	2	2		5
10. 数列、极限	2		2		4
11. 排列、组合		2	2		4
12. 集合	2	2			4
13. 二项式定理	2		2		4
14. 微积分		2	2	4	8
总分(%)	15	24	31	30	100

效标关联效度是指测验分数与可以作为效标的另一独立测验结果之间的一致性程度，其大小用本测验分数与另一独立测验结果之间的相关系数来表示。所谓效标，即衡量测验有效性的参照标准，是本测验所想测量或要预测的特性或功能，常以一种测验分数或活动来表示，例如，用学生入大学后一年级成绩与升学成绩的相关来表示高考的效度，往年高考数学试卷可以作为高考前数学模拟考试的效标等。

3. 区分度

区分度是指考试和试题能否鉴别不同水平考生的优劣程度。其中，试题区分度也叫鉴别力，是指测验试题对被试实际水平的区分能力，是反映试题质量的主要指标。试题区分度的高低意味着试题对于能力强与弱的学生在测验分数上的区分与鉴别度的高低。具有良好区分度的试题，能将不同水平的被试区分开来，即在该试题上水平高的被试得高分，水平低的被试得低分。反之，区分度低的试题则对不同水平的被试不能很好地鉴别，影响测验的有效性。进行试题区分度分析的目的，在于检验各试题鉴别能力的强弱，即试题是否能准确地区分出不同程度的学生。如果一个试题，实际水平高的被试能顺利通过，而实际水平低的被试不能通过，该项目就具有较高的区分度，否则就没有鉴别力，或鉴别力很低。

区分度用符号 D 表示，且 $-1 \leq D \leq 1$。D 为负值时为消极区分，$D = -1$ 时，说明考生的成绩与其实际水平刚好相反；D 为正值时作积极区分，D 越大，区分效果越好，$D = 1$ 时，表明试题的鉴别能力强，能够完全把不同水平考生的成绩准确地区分开。$D = 0$ 时，说明此题没有任何区分作用。在实际测验中，通常认为区分度在 0.4 以上的题属于质量较好的题。在选拔性测验中，试题的区分度要在 0.3 以上。

在大规模或标准化测验中，多采用相关系数法估计试题的区分度（详细内容参见有关教育统计学），即以某试题分数与效标分数或测验总分的相关作为试题区分度的指标，相关越高，试题区分度越高。分析试题的区分度有利于教师进行题库建设时筛选试题。由于具有良好鉴别力的试题才能保证高质量的试卷，才能保证测验真正发挥作用，所以在实践中要采取各种措施提高试题的区分度，如提高试题难度，提高试题的灵活性，适当增加试题的陌生度等。

4. 难度

难度是指试题的难易程度，是评价试题质量的一个重要的数量指标，用符号 P 表示。它通常用答对该题的人数比率来表示。一道试题，如果大部分被试都能答对，则该题的难度较小；如果大部分被试都不能答对，则该题的难度大。试题的难度值在 $[0, 1]$ 之间，P 值越大，试题的难度越小；P 值越小，试题的难度越大。

试题的难度不等于测验的难度，测验的难度是指测验中所有项目的平均难度。进行难度分析的主要目的是为了筛选试题，试题的难度多大合适，可视测验的目的、性质以及试题的形式而定。如果测验是为了了解被试在某方面知识技能的掌握情况，难度就不用考虑过多，只要是教育上认为重要的内容就可以选用。如果测验目的是为了选拔 10% 的学生参加竞赛，测验的平均难度就应该和选拔率大致相同，保持在 0.1 左右。如果测验的目的是筛选最差的 10% 的学生进行补救教学，测验项目的平均难度就应该在 0.9 左右。因为测验的难度直接影响测验分数的分布形态，影响测验的区分度，一般情况下测验的平均难度应保持在 0.5 左右，并且各试题间应有一个合理的难度梯度，即全部试题中应有 2/3 的试题难度值在 0.3~0.7 之间，使难度值大部分分布在平均难度值附近，这样试题产生的分数会表现出差异性，有利于鉴别被试水平的高低，保证测验的高质量。

区域教研促进教师专业成长

教师专业成长是指教师参加工作以后的教育思想、知识结构和教育能力的不断发展。

教师专业化已经成为国际教师职业发展的重要趋势，我国新一轮基础教育课程改革对教师专业发展提出了新的挑战，教师培养必须面向基础教育课程改革的需要。一个优秀的数学教师，在自己的专业发展过程中少不了数学教研优秀文化对自己的指导和影响。作为区级数学教研员，帮助教师促进专业化发展有着义不容辞的责任。我们区高中校只有三所，而且各具特点，因此发挥各自的特长做好区域性的教研工作，可以帮助教师促进专业化发展。

总是有教师向我诉说苦恼和困惑，自己教了十几年数学，可现在却越来越不会教了，现在的学生没法教了。确实，随着时代的发展，学生和数学教学也是在不知不觉的发展中，一个教师总是停留在以前教学认识上，定会产生这样那样的困惑。然而，教师的观念和意识的转变并不是仅仅通过集中辅导，集中学习一下教学理念就能马上转变的。这要有一个过程，还要通过一些教研活动，通过课堂教学中的观摩研讨，教师能够亲身的体会和感悟才能真正地转变观念。作为区域教研活动，除了集中学习和研讨外，最多的就是公开课活动。我们区的三所高中校各具特点，一中是一所示范校，教学上具有一定优势，二中与红中是具有艺术特色的普通校，生源上较差，教学上困难多一些。因为学校数量少，使我们在区内做公开课，教研上统筹安排就更加方便一些，我们从三所学校中选出骨干教师和具有潜力的中青年教师组成中心备课组，一起研磨课堂教学，根据教学的需要在不同的学校做公开课，或者同一课题分别在三所学校做课，然后再由所有任课年级的数学教师一起研讨，研讨课堂教学的成败得失。并由中心备课组介绍研磨课的背景与大家一起分享。通过聚焦课堂的区域教研活动，教师树立了教学的新课程理念，促进了教师专业化发展。

一、区域教研促进教师树立新的教育理念

教师意识觉醒是当前教师教育研究的前沿课题。新课程改革给教师带来了严峻的挑战，面对这些困难与挑战，高中数学教师必须唤醒自我意识，迎接挑战。

新一轮课程改革决不仅仅是换一套教科书，而是一场教育观念的更新，人才培养模式的改变，是一场涉及课堂教学方式、学生学习方式以及日常学校管理等全方位的变革。在这种大变革的背景下，如果不能树立新课程理念，很难把握好课程标准和新教材，改变教学方法、改变学生的学习方法也就无从谈起。

以前，教师头脑中更多的是教材意识、教参意识，眼睛盯着知识点，强求的是标准答案，应对的是统一考试。而如今，新课程强调"一切为了学生的发展"，从学生的经验出发，教学要向学生的生活世界回归。教学方式由被动地接受式转向探究性学习、自主合作学习。不仅教材是开放的，教学方式也是开放的。比如教材中有许多"留白"，给学生留下思考的余地，同时也给教师留下了发挥无限智慧和创造力的空间。我们区域教研后，大家在研讨时，教师更加关心了教师如何创设教学情境，怎么激发了学生的学习兴趣。教学感到不满意时，大家讨论假设创设另一种情景，效果将会如何。怎样才能最大程度调动学生学习的积极性。不再像从前一样，就课本教课本，而是基于教师和学生的经验，在教学中不断丰富和生成新的内容。面对这些变化，教师在不知不觉中领会了课程改革的理念，教学方法的改革中有了新思路、新视角。在课堂教学中就是始终以学生发展为中心，重视学生的主体地位。从课程设计到评价的各个环节，应该始终把学生主动、全面的发展放在中心地位。在注意发挥教学活动中教师主导作用的同时，特别强调学生主体地位的体现，以充分发挥学生的学习积极性和学习潜能，让学生真正成为学习的主人而不是知识的奴隶。

在课堂教学中，教师应帮助学生唤起学习的渴望；设计恰当的学习活动；帮助学生发现他们所学东西的实际意义，要善于捕捉和激发学生思维的火花和学习的灵感，发现和挖掘学生发展的潜能。这样，教师不再认为对学生没的可教，课堂教学真的不仅仅是传授。课堂教学真的是包含了太多的内容，真的需要教师认真地去研究，认真学习教育课程改革的新的教育教学理论，进一步转变教育观念，更新教育思想，才能逐步改变以往传统的课堂教学模式。

二、区域教研促进教师提升课程改革的能力

新教材的一个显著变化是，难度降低了，但知识面加宽了，这对教师提出了很高的要求。自身知识储备能否适应这一变化，能否满足学生的需求，这是新一轮课程改革对教师提出的难题。

我们区组织的每一节公开课倾注了备课组全体教师的集体智慧，因为每一次开课备课组总是力求完美，有时为了一个情境创设争论得脸红耳赤，有时为了一句过渡语言苦苦思索、细细推敲……就这样，不断学习着身边教师的优秀经验，不断汲取着先进的思想和智慧。这是一个精心雕琢的过程，也是教师与教师之间互相启迪好机会，研磨不但使自己的课堂教学日益精进，更能看到他人的教育思想和教育智慧。示范校的教师看到普通校教师怎样更好地去启发学生，怎样更好地去激发学生学习兴趣，普通校教师看到示范校的教师如何根据学生特点组织处理教材，主次分明、详略得当。同一个课题，在不同的教学环境下实际上可以有不同的学法和教法，关键是教师要通过研究和实践，能够分析和确定哪种学法和教法才是最优的。

一节优秀的公开课对区域教研很重要，但更为重要的是课后的备课背景与全体教师的分享。备课背景可以从教学设计的成型、修改、研磨、提炼，以及微小细节的再加工，甚至教师的心理变化，备课材料的准备，这些都在无形之中对教师进行了有实际意义的培训。

教师在研究教法研究学法的基础上自然的就要去研究如何用好教材的问题上。过去教师上课，更多地依赖"教参"，如今的"教参"有了很大的变化，已经不能拿来直接上课，教参中除了案例，绝大部分是启发教师的思维，给教师一个思索创造的空间。比如，数学教师用书主要指明教学目标，对关键地方稍作介绍，其余只作提示，不作硬性规定。教师在感到没了框框的同时，也感到了压力和拓展知识的自我需求。

新课程为教师主动性、创造性的发挥提供了保证，教材成为作者、编者、教师、学生之间共同对话的文本，而且是一个开放的系统，这就要求教师在教学中应该创造性地使用教材，因为，教材无论如何更新，总是跟不上时代的发展，而教师教育智慧的发挥，知识的不断更新，对教材的不断拓展与补充、创新，才能使教材显示出它的生机与活力。教师的教育观念转变了，教师才不会成为课程被动的执行者，而成为课程的积极促进者、发展者。教师能凭自己的学识、经验和个性来处理调适教材，通过学习研究不断地丰富教材，是促进教师专业成长的重要途径。

三、区域教研促进教师提高教学的反思能力

任何一个教师，哪怕是一个高明的教师，在其执教的过程中也不可能做到尽善尽美。审视和分析自己的教学行为、教学决策和教学结果，可以有效地纠正教学观念、教学行为上的偏差，形成自己对教学现象、教学问题的独立思考，提高自我觉察水平和教学监控能力。

公开课是教师自觉进行教学研究、促进自我发展的主要途径。"教师专业发展的实现会给教师带来自我生命活力的体验和专业满足感，进而增强对教师更为内在和执着的热爱之情，并进一步推动自觉的专业发展。"

区域教研时，教师上完一个课题之后，应该及时分析总结这一课的成败，重新认识和做出评价，肯定成绩，找出存在问题，分析具体原因，及时提出改进教学的措施。公开课必定是教学实践中产生的，它是教师思想智慧的结晶。它包括对教材内容的取舍或补充，对课时计划的安排，对教学目标的确立，对教学策略的抉择，对教学重点难点的确定，对教学内容的组织，对教学程序的编排，对教学方法的选择，对教学媒体的运用，对教学现象的分析，对典型问题的探讨，对学生学习的设计，对学生反映的思考，对教学效果的检评等。这些内容，对教师今后教学中取长补短，改进自己的教学具有重要价值。

听完课后不能一听了之，应进行一番的思考。教师的个人反思与"个人理解"毕竟有一定的局限，区域教研时有同事参与相互研讨、共同分析，提供"不同意见"、"多种声音"，可以促使教师借助集体的智慧，不断矫正个人理解的偏颇，从而进行更深刻、更全面的反思，使教师教育理念在潜移默化中得到升华。

反思是一种隐性的教育资源，自我反思就是自我教育，作为教师只有对自己的教学有了反思能力，才能促使自己的内在品质有所提升。教育家叶澜也说："一个教师写一辈子教案，不一定成为教师，如果教师写三年反思，可能成为名师。"可见反思在教学中所起的作用。

一个教师不但听了优秀公开课要有反思，对自己的每一节课的成败都应做一反思，在反思中提升自我，专家型教师与经验型教师的区别就在于是否深入反思。在实施新课程的今天，每一位教师都将经历一个反思和创造的过程，区域教研确实帮助教师乐于反思，勤于反思，不断提高反思的能力

教师的专业成长，应该是一种主动性的成长，应该在工作中成长，应该是理论、经验和实际工作能力的同步成长，通过多年来的教研员工作，做好区域教研是帮助教师专业化成长的有效途径。

青年数学教师成长的一些因素和做法

一、青年数学教师成长的基本过程

数学教师的成长是伴随着教师职业生涯的个体社会化过程进行的。在与教育环境的互动过程中,不断调整自己的思想信念、价值取向,丰富专业知识,提高教学技能,满足自身各个不同时期不同层次的需要,从而表现出与其职业发展阶段相适应的教师角色行为。从调查的情况看,青年数学教师的成长大致经历以下几个阶段:

1. 适应期(1-2年)

刚刚从学校毕业走上工作岗位的数学新教师,往往幻想自己走上工作岗位后,能潇洒地走进课堂,一炮走红。然而,当他面对复杂的课堂教学而感到无所适从时,就产生了理想与现实的失落感,急切需要获得实用的教学技能。另外,新教师毕竟都是从师范院校刚刚毕业的学生,角色转换的突变,也使得他们既有初为人师的愉悦感,又有一种因接触新环境而产生的拘束感。

2. 稳定期(3-5年)

经过一段时间的教学实践的磨炼,新教师逐步适应了学校的生活节奏,对学生逐渐产生了感情,钻研教学业务的兴趣渐渐稳定,开始胜任教学工作,能根据实际情况考虑或参加相关的业务进修,表现出对教师职业较为投入、情绪较为稳定的一种心态。这一阶段,是其形成正确的教育思想和良好的心理素质的关键阶段，也是其有可能成为骨干教师的苗子而初露端倪的阶段。

3. 发展期（6-10年）

这一时期，大部分教师已熟练掌握了教学基本功，积累了一定的数学教育教学经验，开始形成初步的教学风格，渴求学习教育理论及他人经验，对教育科研表现出浓厚的兴趣，有教育教学论文在报纸杂志上发表，逐步成为学校的教学骨干、逐渐被同行和学校领导认可，但仍有可塑性；或有了较好的认知结构，教学功底较为深厚，形成了自己的教学风格，具备了较强的教育教研能力，取得了一定的教研成果。

二、青年数学教师成长的一般规律

规律反映了事物的规定性和内外矛盾运动的必然趋势。青年教师的成长过程既受个人、家庭、学校和社会的制约，又受自身德、知、才、学、体等诸要素及其关系的影响。我们把其形成与发展的基本规律概括为以下几个方面：

1. 青年数学教师的职业理想是其成长的动力要素

数学教师要干好数学教育工作，必须要有强烈而持久的教育动机，有很高的工作积极性。很难设想一个对教育工作毫无兴趣的人，一个见到学生就心烦的人，会努力完成好教育教学工作，自然更不会努力使自己成为一名优秀的教师。

调查发现，良好的教师职业理想的形成往往需要一个较长的曲折的过程。在这个过程中，对教育事业的热爱，对学生的爱起着关键性的作用。许多青年数学教师刚进入学校时存在着"高理想"和"低现实"的矛盾，职业理想还有幻想的痕迹。经过几年的教学实践的磨炼，对教师职业的感情和认识得到了深化，多数青年教师已能够正确处理个人职业理想和社会需要的矛盾，从事教育工作的理想逐渐确定、稳固。但还有些青年教师处于摇摆不定的状态，受多种因素的影响，职业理想和教育教学行为出现了分化，其中一部分青年教师经历了反复的思想斗争和教育实践锻炼，需要在工作几年后才能确立教师的职业理想。

研究表明,教师职业理想的形成是一个多因素交互作用的过程。主要有三个因素:一是主观因素,二是环境因素,三是社会因素。主观因素同青年数学教师的职业理想的关系最为密切,环境因素、社会因素通过主观因素影响青年教师职业理想的形成过程。

2. 青年数学教师的教育理念是其成长的关键要素

教师的职业知识和能力,只有在教育理念的统领下,才能充分发挥功效。教师的教育理念反映的是教师对教育工作本质的理解,直接影响着教师的教育态度和教学行为,甚至还间接地影响着未来教育的发展、教师的教育理念位于教师专业结构中的较高层次,对其成长有重大影响。在教师接受新的教育理念时,那些实际存在的理念可能成为过滤新理念的筛子,并对新理念的形成产生不利的影响。从我们接触到的青年教师的成长情况来看,青年教师接受新的教育理念与摒弃旧的教育理念的周期越短,则其成长越快。

3. 青年数学教师的知识水平是其成长的基本要素

数学教师的知识可分为三个方面,数学学科知识、实践知识和教育理论知识。

调查表明,教师必须掌握一定量的学科知识,但并非学科知识越多越好。教师的实践知识是指教师教学经验的积累。教师的教学不同于研究人员的科研活动,它具有明显的情境性。在这些情境中,教师所采用的知识来自个人的教学实践,具有明显的经验性,而且,实践知识受一个人阅历的影响。这些阅历包括个人的打算与目的以及人生经验的累积效应。这种知识的表达包含着丰富的细节,并以个体化的语言而存在。我们在调查中发现,关于教学的传统研究常把教学看成是一种程式化的过程,忽视了实践知识与教师的个人打算(这是错误的)。教师的教育理论知识是指教师所具有的教育学与心理学知识,这种知识是目前广大数学教师普遍缺乏的,也是我们在教改实验中应特别予以重视的。

事实上,教育理论知识是一个教师取得成功教学的重要保障。我们把教师的教育理论知识具体化为三个方面，即学生身心发展的知识、教与学的知识和学生成绩评价的知识。

4. 青年数学教师的教学实施能力是其成长的核心要素

已有的研究表明，教学活动是一种认知活动，教师的教学行为和教学效果有明显的因果关系。所谓教师教学实施能力，是指教师为了保证教学的成功，达到预期的教学目的，在教学的全过程中将教学活动本身作为意识的对象，不断地对其进行积极主动的计划、检查、评价、反馈、控制和调节的能力。它是教师的思维在其教育教学活动中的具体体现。这种能力主要可分为三个方面：一是教师对自己教学活动的事先计划和安排；二是对自己实际教学活动进行有意识的监察、评价和反馈；三是对自己的教学活动进行调节、校正和有意识进行的自我控制。教学活动极其复杂，包括的方面和涉及的因素多种多样，因此，教师的教学实施能力也具有多方面的内容和多样化的表现。在一堂课或一个阶段的课上完后，教学实施能力较强的教师会对自己已经上过的课的情况进行回顾和评价，分析自己的教学是否适合学生的实际水平，是否能有效地促进学生的发展。相反，教学实施能力差的教师不会认真地考虑这些问题，不考虑学生是否能接受，不反思自己教学的得与失。

5. 环境是青年数学教师成长的外部要素

内因是变化的根本，外因是变化的条件，外因通过内因而起作用。青年数学教师的成长，内因固然很重要，但对外因的作用也不可低估。也就是说，青年教师的成长与环境有很大的关系。一方面，这个环境是指社会环境，繁荣的经济、文化，民主的政治，会为青年教师的茁壮成长和脱颖而出创造良好的社会环境和机遇。另一方面，青年教师的成长也离不开宽松、舒畅的学校环境，包括规章制度、领导风格、师资整体水平和图书资料、仪器设备，以及领导、教师、学生三者关系等，尤其是民主、宽松的学校气氛，教研、科研和教师自觉学习的良好氛围，对于青年教师的成长关系极大。

三、影响青年数学教师成长的主要因素

青年数学教师的成长过程是一个动态过程,影响成长过程的因素虽然很多,但如能注意化消极因素为积极因素,成长过程是可以缩短的。

1. 知识结构对青年数学教师成长过程的影响

通过调查,多数青年数学教师知识结构单一、知识面狭窄,或偏重于理念,或偏重于解题,对适应数学教学工作有一定的阻碍作用。现代教育教学工作一方面需要扎实的专业知识,另一方面又需要广博的综合知识。课程标准实施后,学科之间的横向联系日趋紧密,这也反映了知识的整体化趋势,为了适应这一特点,应使青年数学教师的知识结构综合化、整体化和多元化。

2. 工作态度对青年数学教师成长过程的影响

学校领导和教师普遍认为,工作态度对青年教师成长过程的影响,在诸因素中是最值得重视的。在调查中我们发现,一些教师在毕业分配时就具备了优秀教师的良好素质,参加学校"双选"时呼声很高、被学校择优录用,但几年后却成绩平平。究其原因,多为缺乏敬业的工作态度,嫌教师工作辛苦,满足于个人的喜好,注重于自我的愉悦与休闲,工作中得过且过。这部分教师最终在学生、家长心目中留下了不良印象,而一些基本功并不十分突出的教师,由于酷爱教师职业,因而全身心投入,虚心好学,刻苦钻研,几年后就成了社会信任、学生喜欢、学校重视的教师。

3. 组织活动能力对青年数学教师成长过程的影响

教学过程是不断组织学生学习的过程,教学的成败与教师的组织能力有很大的关系。在调查中不少青年教师反映,由于缺乏组织活动能力,致使在教学中不知如何组织学生认真听讲、积极思考,往往顾此失彼,有时还闹出笑话来。班主任工作往往也是应付式的,缺乏创新意识。随着教育教学改革的深化和发展,组织活动能力显得越来越重要。

4. 人际关系对成长过程的影响

青年数学教师一走上工作岗位,就会碰到如何处理人际关系的问题。诸如，和领导的关系、和老教师、中年教师的关系、和同辈人的关系等。有关的研究表明：只有当人们在工作岗位上与同事之间的工作配合得十分协调时，才能很好地进行教学工作，才有可能运用好集体的智慧，提高自己的教学水平；反之，力量就会相互抵消（内耗）。青年数学教师与同事间的关系如何，直接关系到他们是否心情舒畅，是否能从同事那里学到许多书本上没有的宝贵经验，是否能把整个身心投入到工作中去。在调查中发现，青年教师多数都是从"出了学校门"又"进学校门"的，由于缺少社会经验，处理人际关系的能力相对较弱，往往为一点鸡毛蒜皮的小事与人斤斤计较，影响了人际关系的和睦，自然也就了影响自身的成长。

四、青年数学教师成长做法建议

（一）从青年数学教师自身做起

1. 把根须深扎在中学数学教育的沃土上

听公开课的时候，我们常常羡慕大师们在课堂上的风采，感叹于他们日臻完美的教学艺术。但事实上，光彩照人的背后，是汗水，是心血。名师们之所以有今天的高度，是因为他们将自己的根须深深地扎在数学的大地上。课堂，是老师劳作的田地，只有把根深深地扎在这块肥沃的土地上，结出的果子才会香甜，所谓根深叶茂也。如北航中学数学特级教师王人伟、清华附中数学特级教师邵先砚等老师，无不是从一线课堂的长期实践和探索中走出来的。

一个教师的成长，固然离不开公开课，但是最能磨炼人的，则是日复一日的家常课。因为教师的真正价值，体现在自己所教的学生身上。作为一个数学老师，要把自己的主要精力花在学生身上．回顾自己所走的20多年来的数学人生，如果说前几年，是处于懵懵懂懂的状态，只知道教着一本书，不知道为什么教这本书。这个时候，对数学的思考，仅仅停留在怎么样把一节课上得让学生喜欢的层面上。稍后的一段时间，开始对数学有了些肤浅的思考：数学能为学生做些什么？有了这样的认识，则开始反思自己的课堂,究竟所做的哪些事,是对学生发展有帮助的;哪些事情纯粹是在搞应试教育。经过解剖,发现自己的很多教学行为,的确是为了应试,而不是给学生最好的数学养料。发现这些,是一件很痛苦的事情,是继续这样在应试的路上走下去,还是冲破应试教育对数学的束缚,走自己的路?经过一段时间的思考,我没有屈从于所有指向于自己的重重压力,用自己的改革,为学生送上一阵清风,撑起一片天空。课堂上,尽力做到不搞琐碎的提问,不搞枯燥的练习,努力让学生在课堂张扬灵动的个性,闪烁创造的火花,响起愉快的笑声。始终以"让学生学得快乐、学得扎实、学得灵活"的标准来要求自己,尽量善待每一位学生,善待学生的每一次提问,善待学生的每一次"灵光一闪"的创造与感悟。这几年进行的新课程改革,虽然没有在课改一线,从没有教过新课程,但是我始终在自己的研究上贯彻着新课程的一些理念,把生活中的数学引入讲堂和考卷,创设一些有兴趣的生活情景,让师生感觉学数学有用、有趣。我认为数学课堂应该是老师和学生快乐探讨的天堂,一个数学教师只有将根深扎在数学的沃土上,数学的花朵才会开得艳丽多姿。

2. 读书、上网,让精神世界更加丰盈

作为一名数学教师要阅读数学教材,不仅要读你所教学段的教材,还要读其他学段的。我们初中教师不仅要读初中教材,而且要读高中教材。这样才能居高临下,高屋建瓴阅读数学史,因为"读史可以使人明智",有许多平时我们困惑不解的难题可以在读史的过程中豁然开朗。阅读杂书,教数学的,不妨读点文学、哲学、美学……做一个"杂家"。每学期都安排一些好书(《特级教师文库》中的"数学自学·议论·引导教学法(江苏南通李庾南)","数学思想应用及探索——建构教学(天津王培德)","数学学习指导与教学艺术(福建厦门任勇)";人民教育出版社出版的"数学教育文选·傅仲孙、曹才翰、丁尔升、钟善基、孙瑞清";张奠宙的自选集等)。读了这些书一方面可以增强我们的职业素养,另外在平时的教育教学过程中,我们可以多一份机智,多一份自如,多一份洒脱。要阅读经典,经典能帮助我们分辨是非,澄清模糊,领悟真谛。除了读有字之书外，我们更要读无字之书。要阅读同伴，能够在一起工作、学习、生活就是一种缘分，"三人行必有我师"，同伴是一种资源，更是一座宝库，我们要学会欣赏，并充分开发、利用。要阅读社会，社会是一部大书，"处处留心皆学问"，要读懂这部大书，必须抛开浮躁，沉下心来，处处留心。

好教师的知识结构应当有三块组成，即精深的专业知识，开阔的人文视野，深厚的教育理论功底。如果说课堂是老师的根，那么，教学理念则是一个老师的魂。教学理念怎么样形成，一靠实践中提炼而成，二靠阅读积淀与扬弃。教师的阅读视野，直接决定了其理论高度与厚度。因此，一个有所作为的教师，必须要重视阅读。著名特级教师李庾南说过"让读书成为我的生活，必须成为我的生活，我们不要为校长读，不要为新课程读，不要为学生读，而为你自己！只要你心静，有一双慧眼，真正地读书，内化成我们内在的东西。"读书，是一个人最好的精神化妆。苏霍姆林斯基的《给教师的一百条建议》集教育学、心理学、教学法于一身的充满智慧的书，每读一遍总有新的感悟，可以说是百读不厌！我一直有这样的想法，饱读诗书的人，不一定能成为优秀的教师；但是要想成为一个优秀教师，必须要多读书。

3. 用键盘留驻美丽人生

数学教师是否愿意花时间反思自己的工作，是教师是否具有专业素养的标志。没有最好，只有更好。学海无涯，艺无止境。教师的专业追求、探索、提升都要靠不断的反思。教师要学会在言说和行动中思考，在反思批判中成长。自己的教育生活就是一种学术行为，自己的一言一行都应不断反思。这应该成为自己需要时时温习的功课。

我最欣赏教育在线一位网友的签名：人生就是戏，每天都在现场直播！反思可以让我们把明天的直播做得更好，少一些遗憾，多一些美丽！

李庾南老师在第一线教师培训会上，针对自己的不足和未来展望写下的10条反思，我觉得很有意思：（1）激情不老；（2）读书一生；（3）宁静致远；（4）以写促思；（5）慎独养身；（6）伸展个性；（7）爱在细节；(8) 海纳百川；(9) 合作同进；(10) 海星角色。作为一个在全国有着广泛影响力的特级教师，李老师正凭借着用自己的不断反思，一次又一次跃上了数学教学的新高度。教育事业和其他行业不一样，因为我们面对的是活生生的人，人是变数最大的、最活跃的因素，过去成功的经验，在不同的教育对象面前不一定同样会成功。因此，我们必须要经常反思自己的教育教学行为，让自己的教学永远朝着更好的方向发展。

我们最需要反思的就是自己的教学行为，从教材解读与设计、教法与学法的选择、课堂细节的处理等层面去反思。作为日常的教学，我常常用这样的几个问题去反思自己的教学：这节课，我投入激情了吗？对教材的解读，有没有深度？这节课的教学目标合理可测吗？这节课中最难忘的一个细节是什么？这节课最大的遗憾是什么？如果重新来教这节课，哪个地方最值得改进？

作为一个老师，我们除了反思教学，还可以反思为人处事，反思一切可以反思的东西。同时，要边反思，边记录，用键盘留下文字，为研究自己的教育教学提供鲜活的案例。这几年，学术界比较倡导"叙事研究"，所谓叙事研究，说简单点，就是将教育教学中的故事和体会记录下来，我们日常的反思录，就是最好的叙事研究样本。

用键盘敲下自己的反思吧，我们的人生会因此更美丽．

4. 多做题，勤思考，善演变

(1) 教材、教参上的题全做，选做一定量的中考题目和竞赛题目。

(2) 对上述做过的题目进行广泛思考、联系。

(3) 经常对一些题目作变形、演绎。

(4) 适当做一些数学竞赛题。

(二) 社会环境因素的辅助作用

1. 创建优良的校园环境

(1) 宽松、和谐、民主的校园环境。学校是知识分子密集的地方。知识分子要在一起和睦共处，必须形成一个健康、融洽、和谐、宽松、友爱、民主的心理环境，形成一个干群、同事、师生之间团结共进的人际环境，形成一个广开言路，心理沟通，宽严适度，管理得当的工作环境。唯有如此，才能把青年教师稳定下来，才能产生"良禽择木而栖"的效应，也才能使青年教师领悟到自己的利益和学校的利益是息息相关的。当自己的思想、业务和生活上的问题，能得到领导、教师和学生的关怀、帮助和体谅时，就会自觉地融合到这个群体中，并增加了对这一群体的依赖程度。这种关怀体贴会给青年教师以极大的精神力量，产生"士为知己者用"的凝聚效应。这是青年数学教师健康成长的最重要的条件。形成这种环境的关键，在于学校领导，在于学校领导的整体素质。这种素质集中体现在"强，能，贤"三个方面，强，坚强，勇于进取，善于开拓；能，能干，懂教育，善教学，会管理；贤，任人唯贤，公正，正派，善于感情投资。

（2）严谨的教育教学环境。作为学校工作中时间最长，信息量最大，劳动量最大，活动量最大的教育教学工作，无疑是学校工作的中心。只有把培训渗透到这个"中心"中去，青年数学教师的整体素质才能得到尽快地提高。创设一个严谨有序的教育教学环境，是提高青年数学教师素质的重要手段。就内容讲，要抓好教学常规、教学研究、教学改革、教学活动、理论研究五大板块的工作。就方法讲，要通过"岗位"提高，通过"帮带"提高，通过"讲座"提高，通过"评价"提高，通过"研究"提高，通过"撰写"提高等内容提高青年教师的整体素质。就途径讲，纵向上，按不同的教龄，分段区别对待；横向上，按内容和方法制定明细计划，形成一个严谨有序，可操作、可鉴定的教育教学环境。

（3）符合青年教师特点的激励环境。首先，对青年教师进行单独性评价，甚至可以按教龄的长短，进行分段评价，这样可比性强，激励面大。其次，在青年教师中，可以进行单项评价。就是把教师活动的全过程，分割成若干个单项，在每一个单项中进行评价。这样做评价面广，激励作用大，个性特色突出，易产生"迁移"效应。另外，采取"越级勤晋"的原则，对青年教师通过评价，进行激励。譬如，可以在一级教师和高级教师中设立"年级学科带头人"，也可以"低职高聘"。

2. 鼓励青年数学教师参与竞争

教师劳动的自我意识很强，个性色彩很浓，悟性又特别高，在很大程度上是一种"良心"劳动．有人教书几十年，效果平平，有人仅仅数年工夫，却硕果累累。因此，青年教师的成长和成功，在很大程度上取决于有一个良好的竞争环境，取决于教师本人有积极进取的精神。

（1）形成一种竞争的环境。青年教师的特点之一是按照一定的目标，依靠内动力来表现和扩展自己的个性，进而实现自我价值．作为学校领导，要满足青年教师的这种"好胜"心理，主动创造出一种"当教师就要当名师"的竞争环境．同时，要根据教师的成长规律，制定阶段性培养目标．

（2）克服对青年教师的一些偏见。一是对发生在青年教师中的一些是非问题或正确与错误问题，要以理服人，以情动人，切忌以势压人，切忌乱扣帽子。二是教师要善于思辨。凡是教师认为有根据的结论，在没有充分的论据给予否定之前，要允许其保留自己的看法，切忌以势压人。再次，教师的劳动是非重复性劳动，非重复性劳动是允许失败的，对其失败，要正确对待，必要时领导要主动承担责任；教师的劳动也是一种凭借自己的知识，显示自己价值的劳动，所以，领导必须正确对待，努力为教师展示自己的价值创造条件。当然，如果有人以知识作为交换和要挟的手段，还是要对其进行批评和教育的。三是作为知识分子一员的教师，可能存在一些特殊个性和特殊的生活方式，对此，只要不影响教书育人，就不要求全责备。

3. 发挥名师"传、帮、带"的作用

（1）关心保护名师。"名师出高徒"，这是流传千古的至理名言。一方面，名师可以带出一批高素质的青年教师，形成高素质的教师整体；另一方面，名师具有较高的教学能力，可以培养出一批出类拔萃的优秀苗子。可以断言，凡是在社会上享有盛名的名牌学校，均有一批为人师表、造诣高深、见解独到、才干超群的名师。强化名师意识，通过各方面的政策倾斜，去关心和爱护名师，尊重和保护名师，实现其劳动价值。

（2）发挥名师的综合效应。首先，利用大众传媒，大力歌颂名师的敬业精神、师德风范、工作业绩和社会贡献，使社会公众了解名师，了解教育，进而做到尊师重教。其次，认真研究、总结名师的成才规律和成功的经验，通过文字、影像等多种形式，将名师的风范由个体状态变为广大教师共同拥有的社会财富，并通过推广、交流、宣传，使其在更大范围内发生长期效用。另外，要重视名师的"传、帮、带"功能和直接辐射作用。

4. 强化进修机制

（1）加强教师进修学校建设。教师进修学校作为教师培训的基地，要大力加强建设，改善办学条件。在设备、师资、经费等方面要优先安排，逐步把教师进修学校建设成为师资培训中心、信息资料中心、电化教育中心、教研实验中心，建设成为多功能的、具有规范性和示范性的、全面提高教师素质的"教师之家"。

（2）积极参加进修。对数学教师在职进修加强指导，统筹规划，使之成为制度。可通过立法的形式强化教师进修机制，把教师进修与提薪晋级和评职称挂钩，以激发教师参加进修的积极性。改革教师继续教育的方式，变集中脱产式培训为不脱产式分散型培训，变听课式的进修为函授式的自学进修，变封闭式进修为开放式进修。解决好教师参加进修的经济负担问题，拨专款支付教师在职进修的费用，确保教师的进修权利。

谈数学课堂教学的"舍"与"得"

任何事物都是辩证的,教学亦如此。我们为了让学生收获更多,有时必须学会舍弃,教师在取舍之间均衡,力争达到课堂教学效益的最大化。下面笔者就数学课堂教学中的几个问题谈"取舍",说"利弊"。

一、不是所有的教学内容都要进行探究

丰富学生的学习方式,改进学生的学习方法是高中数学新课程的基本理念。教师在"教学中,应鼓励学生积极参与教学活动,包括思维的参与和行为的参与。既要有教师的讲授和指导,也有学生的自主探索与合作交流。鼓励学生发现数学的规律和问题解决的途径,使他们经历知识形成的过程。"为此,数学探究活动成了课堂教学的全新教学方式。

案例 1 《普通高中课程标准实验教科书·数学 3(必修)》第三章"概率"中关于"频率与概率"的课堂教学,有的老师采用如下探究式教学模式:

①创设问题情境——在足球赛开始前,利用掷硬币的方法挑选场地和选择进攻方向,你认为合理吗?②数学实验——提出试验操作的要求,并对全班进行了分组,每组 4~5 人。各组把一枚均匀硬币至少抛掷 100 次,观察掷出正面向上的次数,把试验结果做好统计及计算。③探究发现——提出试验分析的要求,寻找"正面向上"这个事件发生的规律性,引出频率和概率的定义,理解频率与概率的差异与联系。

这样的探究有必要吗？我们的学生在初中甚至小学的九年义务教育中，已经通过"掷硬币"试验，初步认识了事件可能性的大小。而现在依然不顾学生已有的学习经验，一切"从头做起"，从动手操作开始，显然是不必要的，也是低效的。应该说这种脱离知识基础的探究是盲目的。作为高中生的思维训练要求，应该帮助其完成从感性思维到理性思维的转变。舍弃"掷硬币"的动手试验，直接借助前人做好的试验数据（教材中历史名人做过的掷硬币试验）或计算机模拟实验结果，引领学生在理性思维层面上进行分析，同样可以达到预期的目的，况且更有利于培养学生的理性思维能力，提高学生的理性素养。

毋庸置疑，数学探究作为一种新的学习方式，在问题探究过程中，通过学生的思考、操作、内化等学习过程，有利于深化知识和方法的建构，有利于促进学生的主动参与，使课堂教学真正让学生"动起来"，让课堂"活起来"。但我们还应该意识到，探究教学需要花费很多时间。正如《普通高中数学课程标准（实验）》中的要求"高中阶段至少应为学生安排1次数学探究活动。还应将课内与课外有机地结合起来。"再说，探究教学还受教学进度、教学内容、教师精力、班级人数等等条件制约，特别是新教材课时紧、任务重，每课必探究是不现实的，真正意义上的探究教学也是不容易的。因此，教师应善于根据不同的教学内容、灵活应用不同的教学方法。教师谋求的是不同教学方式之间的平衡与互补，寻求的是不同教学方法的一种最佳的整合。舍弃那些为探究而探究的"伪探究"，该"探究"就探究，该"接受"就接受。只有多种教学方法取长补短、平衡互补、相辅相成，才能促使学生的最优发展。

二、不是所有的课堂引入都要创设情境

《普通高中数学课程标准（实验）》中明确指出：教材应注意创设情境，从具体实例出发，展现数学知识的发生、发展过程，使学生能够从中发现问题、提出问题，经历数学的发现和创造过程，了解知识的来龙去脉。这既是对教材编写的建议，也是对课堂教学实践的要求。

对于创设情境在学生学习中的作用，一位德国学者作过精辟的比喻：将 15 克盐放在你的面前，无论如何你难以下咽。但当将 15 克盐放入一碗美味可口的汤中，你早就在享用佳肴时，将 15 克盐全部吸收了。一个好的情境引入，不仅具有课堂教学上的可操作性，而且能够最大限度地调动学生的思维细胞，激发他们的学习动机。

案例 2 曾有一节《等比数列的前 n 项和》的市级赛课，一位参赛教师为了创设情境，制作了精彩的动画故事：

话说猪八戒自西天取经回到了高老庄，从高员外手里接下了高老庄集团，摇身变成了 CEO。可好景不长，便因资金周转不灵而陷入了窘境，急需大量资金投入，于是就找孙悟空帮忙。悟空一口答应："行！我每天投资 100 万元，连续一个月（30 天），但是有一个条件是：作为回报，从投资的第一天起你必须返还给我 1 元，第二天返还 2 元，第三天返还 4 元……即后一天返还数为前一天的 2 倍。"八戒听了，心里打起了小算盘："第一天：支出 1 元，收入 100 万；第二天：支出 2 元，收入 100 万，第三天：支出 4 元，收入 100 万元；……哇，发财了！……"心里越想越美……再看看悟空的表情，心里又嘀咕了："这猴子老是欺负我，会不会又在耍我？"

假如你是高老庄集团企划部的高参，请你帮八戒分析一下，按照悟空的投资方式，30 天后，八戒能吸纳多少投资？又该返还给悟空多少钱？

这样的情境创设，不可谓不合适，同时也被教者的动画制作能力所折服。但从教学内容的处理角度看，却是不合时宜的。无论是从教育的基本原理上分析，还是从数学教学的基本任务来看，数学课就是要引导学生掌握数学基础知识和基本技能以及它们所体现的数学思想方法，如果教学过程脱离了这一点，那就不是数学课了。就本节课而言，教学内容的重点有两个，一个是掌握等比数列的前 n 项和公式；一个是掌握公式推导所涉及的数列求和方法——错位相减法。在一节课的时间内要达成这样的双重目标，时间是教学设计时必须考虑的要素。而在此前提下，创设如此结构复杂的情境，只能说是华而不实、高耗低效的情境，只会浪费宝贵的课堂资源和教学时间。实际上，数学本身就是抽象的，不能将情境创设等同于直接将情境生活化，如果只是一味追求数学与生活的联系，只会让情境生活化的思想框住自己的手脚，从而导致数学味淡化。问题的根源是教师只注重了"怎么教"，而忽略了"教什么"！

还应该提及，创设问题情境也并不单一的指向实例或情境，它还包括问题、活动、实验、叙述等多种形式。绝不能把"生活化"作为教学情境创设的唯一手段，数学还应具备抽象的心智训练功能。根据高中学生的认知特征，可以保持对数学问题的适度抽象，形成课堂教学的应用价值与理性价值的和谐统一。相比之下，本节课内容的教学处理手段，如果直接以问题为情境引发学生探究，也不失为一种好的情境设置。

可是在课改潜能感召的当下，越来越多的教师重视"情境的创设"，不管是习题课、概念课、应用题课还是实践活动课都有一个"情境的创设"。为此，不少教师绞尽脑汁、煞费苦心想方设法去创设一个"情境"。然而我们在充分认识"情境"在教学中的作用的同时，还要防止认识上的偏差，并非是所有课的导入都必须有一个"情境的创设"。审视当今的课堂，教学情境有时已经异化成为教学现场的"漂亮花瓶"，其"行为现状"与"理念境界"差距很大。有些教师为创设情境而创设情境，使得一些课堂教学中创设的情境比较牵强附会，针对性不强，甚至与教学内容相悖。实际上，创设情境只是为了让学生更好地接受新知识，从学生的最近发展区来引入，使学生更宜接受新的知识，它只是课堂教学的"调味剂"，不是"营养汤"，不能本末倒置。因此，教师在课堂教学中，要灵活根据学习内容、学生的实际情况选择恰当的导入方式，只要有利于实现学习目标，哪种方式都可以使用．不是每一节课都要创设"情境"，如果没有合适的情境，那就选择"放弃"创设。

三、不是所有的教学问题都要当堂解决

问题教学是我们课堂教学常用的方法，问题的种类也很多，有问答型、发现型、研究型、问题解决型等。学生可以通过问题主动获得知识，

通过发现问题，提出问题，思考问题，分析问题，讨论问题到解决问题等一系列环节，独立思考，自主学习，从而提高自主分析问题的能力，掌握正确解决问题的思维方法，提高解决问题的能力水平。

但课堂上是不是所有的问题都要当堂解决？有这样一个案例，网上曾流传过一篇"外国专家课后一句话，顿时让中国教育蒙羞！"的文章。

案例3 北京，一所很好的学校。有一天英美教育专家来校听课，执教者是该校一位资深的数学特级教师．该教师语言精练，没有废话；教态从容，板书漂亮，条理清晰。教师提问，学生回答踊跃，而且答得相当有水平。整堂课，老师没有擦一下黑板，板书上没有多余的字，写上去的就是重点，整个教学过程非常流畅。陪同外国专家听课的中文教育部门领导也很高兴，然而外国专家听了却说："不理解。学生都答得很好，看起来学生都会了，为什么还要上这堂课？"

外国专家问得好！我们总认为教师把学生教得没有问题，才算是成功的教学。反观我们今天的课堂，经常看到这样的情况，教师下课前总是问学生："这节课你们有哪些收获？""还有哪些问题？"当听到学生没有疑问时，教师放心了，觉得教学任务完成了，布置的作业也是为了巩固和熟练所学知识和技能，而不是带着问题去探究。实际上，恰恰忘记了"行成于思，思成于惑"的简单事实，这种"扫清障碍式的体贴"，追求"标准答案"的问题教育，破坏了学生持续学习和思考的动机，致使学生的问题意识日趋淡薄，难以进入"研究"状态。学生分析问题、解决问题的能力难以提高，更不可能有自己的独立见解。袁振国教授把这种传统教育称之为"去问题教育"，主张教师要让学生带着问题走进教室，带着更多的问题走出教室，实行以问题为纽带的教育。没有问题恰恰是最大的问题。教师应该让学生每天都带着一些有思考价值的问题离开课堂，激起学生探究问题的意识，促使他们课下进入"研究"的状态。亚里士多德有句名言："思维是从疑问和惊奇开始的，常有疑点，常有问题，才能常有思考，常有创新。"

四、不是所有的教学过程都要力求完整

据笔者所知,在许多地方的数学教师优质课评比和教学基本功竞赛活动中,如果教师在规定的时间内不能完成教学任务和教学目标,往往是要一票否决的。然而笔者认为,课堂教学过程是一个师生不断双向交流的动态变化过程,势必会生成一些预设所意想不到的问题,老师如果为了完整呈现教学设计,忽视教学生成,让教学活动成为走过场,更是不符合教学规律的。教师面对课堂突发事件,应该及时调整教学内容和教学方法,不能机械地根据预先的教学设计,刻意追求课堂教学内容的完整性。

案例4 曾听过一节高三复习课《函数与方程》,课上有一道典型例题:已知 a、b 是不全为 0 的实数,求证:方程 $3ax^2+2bx(a+b)=0$ 在 (0,1) 内一定有实根。教者按照预设的方案,对问题进行条分缕析,重点说明了二分法在解决问题中的应用。其基本思路是:利用函数零点存在性定理希望有 $f(0)\cdot f(1)<0$,但由条件 $f(0)\cdot f(1)=<0(a+b)(2a+b)$ 无法判断正负,因此考虑使用二分法,由 $f(0)\cdot f(1/2)+f(1)\cdot f(1/2)=a^2<0$,说明 $f(0)\cdot f(1/2)$ 与 $f(1)\cdot f(1/2)$ 至少有一个小于零,从而证明问题.当众多学生还在惊叹二分法的神奇时,有一位同学大声说:"这不是二分法的问题!"可教者为了不耽误后续问题的教学,只对该生略作敷衍就转入下一问题的讲解。

课后我找到这位同学了解他的想法,他说:"一开始我也注意到 $f(0)\cdot f(1)$ 无法判断正负,但我没有想到二分法,我只想到如何利用函数零点存在性定理.既然方程在 (0,1) 内有根,那一定有一个数,它的函数值与 $f(0)$ 异号.由于 $3ax^2+2bx-(a+b)=(3x^2-1)a+(2x-1)b$,$f(0)=-(a+b)$,令 $3x^2-1=2x-1$,解得 $x=2/3$. 所以我计算的是 $f(2/3)=(a+b)/3.\cdots\cdots$" 多么精彩的分析!有理由相信这样的发现之旅,要比用"二分法"唐突的计算 $f(0)\cdot f(1/2)+f(1)\cdot f(1/2)$ 好得多,更显得水到渠成。貌似我们在追求完整的教学,而这种视而不见的教学行为恰恰会留下更多的遗憾。

预设力求完美，生成同样精彩。教师在课堂教学中，要善于根据学生当堂所表现出来的实际情况，对教学内容进行适当的取舍。如果教师无视课堂上学生活生生的思维活动，刻意地捍卫教师课前设计的教学流程，那么课堂教学就会死水一潭，丧失生命力。表面上活跃的学生活动，也只不过是教师导演的木偶剧。舍得放弃，勇于打破已有的预设，发挥教者的教学机智引领学生进入建立在原有认知结构之上的"问题情境"中，有效地组织学生进行探索、交流，主动地建构完善的认知结构，必定能激发学生参与的激情，体现动态的数学观。使课堂教学不仅搭建起数学思维活动的平台，也必将使学生的数学素养和创新意识培养富有灵动的载体。

　　孟子说："鱼，我所欲也；熊掌，亦我所欲也。二者不可得兼，舍鱼而取熊掌者也。"课堂教学也需学会"取舍"，因为有取舍，才会有收获！

新课程标准下的教师听课与评课

听课与评课在中学教研活动中是一种常见形式，如何听课、评课？"听"有听的方法，"评"有评的内容，它们都是有规律可循的。

一、怎样听课

1、听课准备

（1）学识准备

熟悉课程标准，充分把握教材。按课程标准应做到4个弄清：①弄清教学目的任务；②弄清教学建议；③弄清规定的知识体系；④弄清限定的知识范围和深度。

学习和掌握有关学科的教改信息。各个学科、各个领域都会涌现出许多新的教研成果，包括新的知识、新的方法、新的理论。

学习教育理论。包括教育学、心理学、教学法和先进教改信息等，借助教育理论可以更好地分析教育现象。

积累听课评课材料。听课评课作为一门新兴科学，这方面材料还不是很多，这就需要听课者注意积累。具体方法，一方面要从各种报刊杂志和图书中收集；另一方面边听课边总结。

（2）心理准备

态度上的准备：听课要做到诚心、虚心、专心、细心、公心；

情绪上的准备：听课是一项艰苦的劳动，它要求听课者不仅要听得懂，听得进，还要做记录，并深入思考进行分析评定，应尽可能排除一切干扰，精神饱满，集中精力听好课。

（3）情况准备

要了解听课班级学生的基本情况，如学生学习基础，智力和班级管理情况；

要了解任课教师有关情况，如学识水平，工作态度、教学经历等。

（4）物质准备

听课者不能徒手洗耳恭听，要带好听课笔记、教科书、参考书等。

2. 听课要领

（1）全身心投入

听课者要想获得理想的听课效果，要保持注意力的高度集中，全身心地投入。

（2）掌握观察要领

一节课成功与否，不仅仅在于教师讲了多少；更在学生学会了多少。所以听课应从单一听教师的"讲"变为同时看学生的"学"，做到既听又看，听看结合，注重观察。有人把听课又说成看课，这是有一定道理的。

听什么呢？一听教师怎么讲的，是不是讲到点子上了，重点是否突出，详略是否得当；二听教师课讲的是否清楚明白，学生能否听懂，教学语言如何；三听教师启发是否得当；四听学生的讨论和答题；五听课后学生的反馈。

看什么呢？一看教师的精神是否饱满，教态是否自然亲切，看教师板书是否合理，看教师运用教具是否熟练，看教法的选择是否得当，看教师指导学生学习是否得法，看教师实验的安排及操作，看教师对学生出现问题的处理是否巧妙……一句话，看教师主导作用发挥得如何。二看学生，看整个课堂气氛，是静坐呆听，死记硬背，还是情绪饱满，精神振奋；看学生参与教学活动；看学生对教材的感知；看学生注意力是否集中，思维是否活跃；看学生的练习、板演、作业情况；看学生举手发言、思考问题情况；看学生活动的时间是否得当；看各类学生特别是后进生的积极性是否调动起来；看学生与教师情感是否交融；看学生分析问题，解决问题能力如何……一句话，看学生主体作用发挥得如何。

想什么呢？不仅要边听、边看，还要边想。因为对课堂教学水平的分析不能仅停留在表面现象的观察上，更要做出正确的判断，有时需要透过现象去分析它的实质。上得好的课，应该看得出学生是怎样从不懂到懂，从不会到会，从不熟练到比较熟练的过程。在课堂上，学生答错了，答得不完整，答得结结巴巴，这是正常现象，正因为这样他才要学习。老师的功夫也就是在学生答错时，能加以引导，答得不完整时，能加以启发。所以听课，一定要注意看实际效果，看学生怎么学，看教师怎样教学生学的。

3. 听课记录

听课记录包括两个主要方面：一是教学实录；二是教学评点。而在记录本上的体现，左边是实录，右边是评点。

课堂实录包括：①听课年月日、学科、班级、执教者、课题、第几课时等；②教学过程（包括教学环节和教学内容）；③教学时采用的方法（多以记板书为主）；④各个教学环节的时间安排；⑤学生活动情况；⑥教学效果。一是简录，简要记录教学步骤、方法、板书等。二是详录，比较详细地把教学步骤都记下来。三是"记实"，把教师开始讲课，师生活动，直到下课都记录下来。

课堂评点是听课者对本节课教学的优缺点的初步分析与评估，以及提出的建议。包括：教材处理与教学思路、目标；教学重点、难点、关键；课堂结构设计；教学方法的选择；教学手段的运用；教学基本功；教学思想；实验等。

好的听课记录应是实录与评点兼顾，特别是做好课堂评点往往比实录更重要。

二、怎样评课

评课是一种说服的艺术。说服，就是求和谐、求愉快、求发展。说服是一种技巧，说服是一种智慧。善于说服别人，首先应善于说服自己。充分尊重别人，是说服别人的心理基础；以理服人，是让人心悦诚服的保证。评课是一门科学，也是一门技术。是科学就有规律可循，是技术就有要领可操作。评课的原则、要领、形式和技巧反映了评课的规律和技术。

（一）评课原则

1. 实事求是的原则

要坦率诚恳，要本着公正、实事求是的态度，实话实说是体现评课者责任心的问题，也是给执教者学习的机会，切不可敷衍了事，那样对不起同事的劳动。

2. 针对性原则

评课不宜面面俱到，应就执教者的主要目标进行评述，问题要集中明确，充分肯定特色，也大胆提出改进，不主张罗列太多，只要一两三点到位就够了。要因人而异，不要强求一律。

3. 激励性原则

要兼顾整体、讲究方法，就课论课，就事论事，不要由评课到评人，更不能因一堂课而否定其全部工作。评课最终目的是为了激励授课者，而不是挑毛病，要让执教者听了你的评课后更有信心，更有勇气，而不要让他听后感叹："这辈子再也不上公开课了！"

（二）评课标准

评课作为一种质量分析，首先应该有一种质量标准，这就如同一种产品的质量验收一样。一节好课的评价标准是什么？因为学科不同，年级不同，地区不同，每次评课的目的任务不同，很难有一个通用的标准。下面列举的只是许多评价标准中的一种。

一节课的评价标准

1. 教学目的（体现目标意识）

（1）教学目标全面、具体、明确，符合课程标准、教材和学生实际。

（2）重点和难点的提出与处理得当，抓住了关键，能以简驭繁，所教知识准确。

（3）教学目标达成意识强，贯穿教学过程始终。

2. 教学程序（体现主体意识）

（1）教学思路清晰，课堂结构严谨，教学密度合理。

（2）面向全体，体现差异，因材施教，全面提高学生素质。

（3）传授知识的量和训练能力的度适中，突出重点，抓住关键。

（4）给学生创造机会，让他们主动参与，主动发展。

（5）体现知识形成过程，结论由学生自悟与发现。

3. 教学方法（体现训练意识）

（1）精讲精练，体现思维训练为重点，落实"双基"。

（2）教学方法灵活多样，符合教材、学生和教师实际。

（3）教学信息多项交流，反馈及时，矫正奏效。

（4）从实际出发，运用现代教学手段。

4. 情感教育（体现情感意识）

（1）教学民主，师生平等，课堂气氛融洽和谐，培养创造新能力。

（2）重视学生动机、兴趣、习惯、信心等非智力因素培养。

5. 教学基本功（体现技能意识）

（1）用普通话教学，语言规范简洁，生动形象。

（2）教态亲切、自然、端庄、大方。

（3）板书工整、美观、言简意赅，层次清楚。

（4）能熟练运用现代化教学手段。

（5）调控课堂能力强。

6. 教学效果（体现效率意识）

（1）教学目标达成，教学效果好。

（2）学生会学，学习生动，课堂气氛活跃。

（3）信息量适度，学生负担合理，短时高效。

7. 教学特色（体现特色意识）

（1）教学有个性特点。

（2）教师形成教学风格。

（三）综合评析

所谓综合评析就是指评课者对 1 节课从整体上做出全面、系统的评价。通常做法是先分析后综合。综合评析包括以下内容：从教学目标上分析；从处理教材上分析；从教学程序上分析；从教学方法与手段上分析；从教学基本功上分析（既不就事论事也不空谈理论）；从教学效果上分析；从教学个性上分析；从教学思想上分析；做出综合性评析意见。

1. 从教学目标上分析

首先，从教学目标制订来看，要看是否全面、具体、适宜。全面指能从知识、能力、思想情感等几个方面确定；具体指知识、能力、思想情感目标都要有明确要求，体现学科特点；适宜指确定的教学目标，能以课程标准为指导，体现年级、单元教材特点，符合学生年龄实际和认识规律，难易适度。

其次，从目标达成来看，要看教学目标是不是明确地体现在每一教学环节中，教学手段是否都紧密地围绕目标，为实现目标服务；要看课堂上是否尽快地接触重点内容，重点内容的教学时间是否得到保证，重点知识和技能是否得到巩固和强化。

目标是人做事的内在动因，目标越具体明确，做事的自觉性和积极性越高，效率越高，反之亦然。教学目标是教学的出发点和归宿，它的正确制订和达成，是衡量课好坏的主要尺度。所以分析课首先要分析教学目标。

2. 处理教材上做出分析

评析老师一节课上的好与坏不仅要看教学目标的制定和落实，还要看教者对教材的组织和处理。我们在评析教师一节课时，既要看教师知识教授的准确科学，更要注意分析教师教材处理和教法选择上是否突出了重点，突破了难点，抓住了关键。

3. 从教学程序上分析

教学目标要在教学程序中完成，教学目标能不能实现要看教师教学程序的设计和运作。缘此，评课就必须要对教学程序做出评析。教学程序评析包括以下几个主要方面。

看教学思路设计。教学思路是教师上课的脉络和主线，它是根据教学内容和学生水平两个方面的实际情况设计出来的。它反映一系列教学措施怎样编排组合，怎样衔接过渡，怎样安排详略，怎样安排讲练等。

评课者评教学思路，一是要看教学思路设计符不符合教学内容实际，符不符合学生实际；二是要看教学思路的设计是不是有一定的独创性，超凡脱俗给学生以新鲜的感受；三是看教学思路的层次，脉络是不是清晰；四是看教师在课堂上教学思路实际运作的效果。

我们平时看到有些老师课上不好，效率低，很大的一个程度就是教学思路不清，或教学思路不符合教学内容实际和学生实际等造成的。所以评课，必须注重对教学思路的评析。

看课堂结构安排（课堂结构也称为教学环节或步骤）。教学思路与课堂结构既有区别又有联系，教学思路侧重教材处理，反映教师课堂教学纵向教学脉络，而课堂结构侧重教法设计，反映教学横向的层次和环节。它是指一节课的教学过程各部分的确立，以及它们之间的联系、顺序和时间分配。通常一节好课的结构是结构严谨、环环相扣，过渡自然，时间分配合理，密度适中，效率高。

计算授课者的教学时间设计，能较好地了解授课者授课重点、结构安排。授课时间设计包括：教学环节的时间分配与衔接是否恰当。

计算教学环节的时间分配，看教学环节时间分配和衔接是否恰当。看有无前松后紧（前面时间安排多，内容松散，后面时间少，内容密度大）或前紧后松现象（前面时间少，教学密度大，后面时间多，内容松散），看讲与练时间搭配是否合理等。

计算教师活动与学生占用时间多少，看是否与教学目的和要求一致，有无教师占用时间过多，学生活动时间过少现象。

计算学生的个人活动时间与学生集体活动时间的分配。看学生个人活动，小组活动和全班活动时间分配是否合理，有无集体活动过多，学生个人自学、独立思考、独立完成作业时间太少现象。

计算优差生活动时间。看优、中、差生活动时间分配是否合理。有无优等生占用时间过多，差等生占用时间太少的现象。

计算非教学时间，看教师课堂上有无脱离教学内容的、做别的事情。浪费宝贵的课堂时间的现象。

4. 从教学方法和手段上分析

评析教师教学方法、教学手段的选择和运用是评课的又一重要内容。

什么是教学方法？它是指教师在教学过程中为完成教学目的、任务而采取的活动方式的总称。但它不是教师孤立的单一活动方式，包括教师"教学活动方式，还包括学生在教师指导下""学"的方式，是"教"的方法与"学"的方法的统一。评析教学方法与手段包括以下几个主要内容：

看是不是量体裁衣，优选活用。我们知道，教学有法，但无定法，贵在得法。教学是一种复杂多变的系统工程，不可能有一种固定不变的万能方法。一种好的教学方法总是相对而言的，它总是因课程、因学生、因教师自身特点而相应变化的。也就是说教学方法的选择要量体裁衣，灵活运用。

看教学方法的多样化。教学方法最忌单调死板，再好的方法天天照搬，也会令人生厌。教学活动的复杂性决定了教学方法的多样性。所以评课既看教师是否能够面向实际恰当地选择教学方法，同时还要看教师能否在教学方法多样性上下一番功夫，使课堂教学超凡脱俗，常教常新，富有艺术性。

看教学方法的改革与创新。评析教师的教学方法既要评常规，还要看改革与创新。尤其是评析一些素质好的骨干教师的课。既要看常规，更要看改革和创新。要看课堂上的思维训练的设计，要看创新能力的培养，要看主体活动的发挥，要看新的课堂教学模式的构建，要看教学艺术风格的形成等。

看现代化教学手段运用。现代化教学呼唤现代化手段。"一支粉笔一本书，一块黑板一张嘴"的陈旧单一教学手段应该成为历史。看教师教学方法与手段的运用还要看教师适时、适当用了多媒体等现代化教学手段。

当前在高中阶段的教学方法的问题上还存在"四个一"现象：①一讲到底满堂灌。不给学生自读、讨论、思考交流时间，教师"讲"、"灌"包打天下。②一练到底，满堂练。由一个极端，走向另一个极端。教师备课找题目，上课甩题目，讲解对答案，怪不得学生说："不是灌就是串，要不就是满堂练。"③一看到底，满堂看。有的教师上课便叫学生看书，没有指导，没有指示，没有具体要求，没有检查，没有反馈。名为"自学式"，实为"自由式"。④一问到底，满堂问。有的教师把"满堂灌"变成了"满堂问"，而提的问题，缺少精心设计，提问走形式。

5. 从教师教学基本功上分析

教学基本功是教师上好课的一个重要方面，所以评析课还要看教师的教学基本功。通常，教师的教学基本功包括以下几个方面的内容。

看板书。好的板书，首先是设计科学合理，依纲扣本；其次要言简意赅，有艺术性；再次是条理性强，字迹工整美观，板画娴熟。

看教态。据心理学研究表明：人的表达靠55%的面部表情+38%的声音+7%的言词。教师课堂上的教态应该是明朗、快活、庄重，富有感染力。仪表端庄，举止从容，态度热情，热爱学生，师生情感交融。

看语言。教学也是一种语言的艺术。教师的语言有时关系到一节课的成败。首先，要准确清楚，说普通话，精当简练，生动形象有启发性；其次，教学语言的语调要高低适宜，快慢适度，抑扬顿挫，富于变化。

看教法。看教师运用教具，操作多媒体等现代化教学手段熟练程度。

6. 从教学效果上分析

看课堂教学效果是评价课堂教学的重要依据。课堂效果评析包括以下几个方面：一是教学效率高，学生思维活跃，气氛热烈；二是学生受益面大，不同程度的学生在原有基础上都有进步，知识、能力、思想情操目标达成；三是有效利用45分钟（或40分钟），学生学得轻松愉快，积极性高，当堂问题当堂解决，学生负担合理。

课堂效果的评析，有时也可以借助于测试手段。即当上完课，评课者出题对学生的知识掌握情况当场进行测试，而后通过统计分析来对课堂效果做出评价。

综合分析还包括从教师教学个性上分析，从教学思想上分析等。整体评析法的具体操作，不一定一开始就从七个方面逐一分析评价，而要对所听的课先理出个头绪来。怎样理：第一步，从整体入手，粗粗地看一看，全课的教学过程是怎么安排的，有几个大的教学步骤；第二步，由整体到部分，逐步分析各个教学步骤，要分别理出上面的七个内容；第三步，从部分到整体，将各个教学步骤理出的内容汇总起来。然后再按照一定的顺序，从全课的角度逐个分析评价。

（四）当前评课中存在的问题

科学正确的评课能较好发挥应有的功能。反之不科学的评课会降低应有的作用。由于受种种因素的影响，目前在评课时，还存在许多不尽人意的地方。

1. 具体表现

（1）重听轻评。如果有些该评的课而不评，一方面执教者心里没底；二是评课的作用没得以发挥，听课也就失去了意义。

（2）敷衍了事。即使有的课评了，有碍情面，评课敷衍了事，走过场。"不说好，不说坏，免得惹人怪"。评课大部分是虚假的评议，只讲赞歌，不讲缺点。评议会上，经常是发言只有三五人，评议只有三言两语，评课冷冷清清。

（3）平淡肤浅。有的听课者听了一节课后，看不出什么问题，笔记上没写出什么，只是笼统地认为"这节课教得不错"，或者说"这堂课教得很差"。有的评课者虽提了不少意见，但多半是枝节问题，教者板书如何，声音大小，教态，图表悬挂的高低等等。总之，评议平淡肤浅，泛泛而谈，触及不到问题，难怪有些老师感叹这样的评议没啥意思。

（4）面面俱到。对一节课的评议应该从整体上去分析评价，但绝不是不分轻重、主次，而需要有所侧重。即根据每一次的听课目的和课型，以及学科特点突出重点。但实践中有些评课面面俱到，因而泛泛而谈，难以突破重点。

（5）参评面窄。评议会上评的少，看的多。为了避免冷场，组织者只好指名道姓发言，由于发言面不广，且大多属于被动发言，因此，评课场面冷清，难以形成各抒己见，畅所欲言的热烈气氛。

（6）以偏概全。还有一种倾向，评课时只评教师的一两节课，不评教师系列课，这如同管中窥豹，很难做出全面评价的。

（7）评"新"弃"旧"。眼下冠以"新方法"、"新结构"、"新课型"的课多起来了。于是，凡是有"新"东西的地方就门庭若市，评课时认认真真，而对传统的东西不屑一顾。显然这也是不妥当的。

2. 产生上述问题的原因分析

（1）认识不足，评议不到位。有的评议者不明确评课的目的意义，评课又怕得罪人，怕影响讲课教师晋级评优，所以评议时只讲优点不讲缺点。也有的问题来自讲课教师身上，他们认为对自己课提不足，是掉自己的价，是鸡蛋里挑骨头，一旦别人提出不同意见就顶牛。

（2）评议方法不当，效率低。评课是一门科学和艺术，有规律可循。如果不讲方法盲目地评课，自然效果就不好。

（3）缺乏严密组织，随心所欲。评课效果不好，还与评课没有组织好有密切的关系。有些听课评课，组织人员事前没有具体要求和管理，评课也是盲目性，随意性，松松垮垮。

（4）缺少素养，认识不到位。出现上述评课问题还与评课者的理论素养低，教学经验不足，对课不能做到居高临下的分析有密切的关系。

教研员怎样听评课

听评课是教研员必备的能力之一，也是提高教师教学水平的重要途径。俗话说"教学有法，教无定法，贵在得法"。其实，听评课也是一样"仁者见仁，智者见智"。每个教研员在实际工作中都会积累一定的听评课经验，形成自己独特的听评课风格。"山不在高，有仙则名"，工作方法因人而异，那么听评课方法也不能千篇一律。不管方法如何，只要能有的放矢，指导教学，提高教学水平，让学科教师心悦诚服，就达到了我们的工作目的。但是，凡事又都有规律可循，听评课也是一样，只是遵循"定体则无，大体则有"的规律，为此，在这里我们一起探讨听评课的规律。

一、听课

听课是评课的基础和前提，只有听好课，才会评好课。那么，怎样才能听好课呢？

（一）做好听课前的准备

俗话说"有备无患"，无备必乱。决不打无准备之仗。同理，在听课前一定要做充分的准备。

1. 业务准备

（1）熟悉新课标，把握新教材

熟悉新课标要做到五个弄清：弄清教学目的任务；弄清教学建议；弄

清规定的知识体系，各册教材，各单元各章节知识的内在联系；弄清限定的知识范围和深度；弄清新课标的特点。

把握新教材要做到"三准一活"：对本学科教材体系和教学内容认识准；对教材重点、难点把握准；对课后训练目的要求掌握准。灵活地看教师组织和选择教法。

要将新课程标准熟知于心，新教材的内容要了如指掌。不妨在听课前备课，要听什么课，就要准备与该课相关的内容，从复习、导入新课、创设情境、新旧知识整合到复习、巩固等都要先自己做一些思考，然后带着自己的思路和授课教师的思路对比着听，这样做好处有三：一是你可以真正听进去；二是你可以有针对性地思考；三是你可以在比较中得到启发，找到最佳方案。

（2）了解学科教改信息

自己所承担的学科取得了哪些教改成果，有哪些新的信息必须知晓。这能提高听课的品位，使听课能站在应有的高度上，敏锐准确地发现教师授课的优缺点。

2. 技术准备

要准备好听课的记录本、教科书、参考书等确定好听课时间。

3. 舆论准备

听课前要先通知授课教师和有关人员，要消除授课教师的紧张心理，要向教师说明听课的目的，让教师"轻松上阵"。

4. 实情准备

在听课前要了解任课教师的学识水平、工作态度、教学经历、教学特点等，同时还要了解学生情况（学苗也很重要，因为教学是师生双边活动，既要看教师，又要看学生。）

5. 心理准备

在听课前要做到"五心"即"诚心，虚心，专心，细心，公心"。

（二）确定听课目的

根据听课目的可以把课划分为六种课型：

1. 认识课。对象多为新教师或刚调入的教师；目的是了解教师的基本素质；评课多采用鼓励的原则，对缺点适当指出，但不宜过多。

2. 检查课。对象是全体教师；目的是检查教师教学的实际情况（教与学），发现问题、印证问题、解决问题；评课宜采用集中评议，重在指导，提出改进意见。

3. 研究课。教改某方面的实践或有争议的课，课前了解教师的意图或问题所在，听评时抓住要害。

4. 评价课。鉴定教师的知识水平和业务能力，集体听、综合评、慎重作结论，结论进入业务档案。

5. 总结课。目的是总结教师的教学经验或推广某一教改成果或是优秀教师给其他教师示范，评课重在总结经验，引申推广，实现教学或教改中的一个重要意图。

6. 帮导课。对象是不成熟的教师或有明显缺陷的教师。记录要全面准确，评课论据要充分，态度要诚恳。本着启发认识，鼓励努力的原则，指出问题产生的原因，帮助找到解决问题的具体办法，不宜多人评议，一般只个别交换意见。

（三）听课中做到高度集中

听课时精力要高度集中，做到"四动"：耳、眼、手、脑四个器官并动。

耳听：听教师的要求、讲解、提问，听学生的发言。

眼看：看教师的教态、板书、演示，看学生动作、神态。

脑想：想课堂上每个环节、每个方法的目的、作用、必要性（这样安排好不好？为什么？有无更好的办法？）。想环节之间的联系。

手记：尽可能记录课的全过程，特别是重要的环节（精彩之处，典型的问题）；记下自己思考的内容。

（四）听课注意的问题

1. 听课既要看教师，又要看学生。

俗话说："外行看热闹，内行看门道"，那么，听课到底看什么呢？

看教师：教学观念，教学设计，组织引导作用，应变能力等。如，语文课，有的教师在课堂上关注学生，关注诵读，关注精神，这体现了教师的教学观念；还要看教师的教学设计是否科学、合理；在教学过程中，教师在教学中的作用，是否是组织者、引导者；教师对课堂上的"突发事件"是否能灵活应变等。

看学生：参与的时间够不够；参与热情高不高，是否积极主动；参与的质量高不高，是不是实质性参与，如，有的教师"满堂问"表面看挺热闹，实际上，教师提的问题没有多少思考量，这种提问只是教师讲课中的一点点缀而已，成为讲课中的一种形式，就是学生不回答，教师也会顺口说出答案，这实际上是教师牵制学生思维的"一言堂"的变形。另外，学生出现的问题要从教师的角度找原因。

2. 不同内容的课，听课的侧重点有所不同。

比如语文学科，阅读课：是否重视学生的朗读并给予指导，是否教给学生阅读方法，是否重视阅读能力的培养，是否做到举一反三，触类旁通。当学生遇到未见过的文章时，是否能够用学过的阅读方法独立阅读分析。这就是阅读能力的培养。

作文指导课：是否注重调动学生的生活积累，是否帮助学生打开了思路。许多学生不会写作文，一谈写作文就头疼，总觉得无话可说，为什么呢？就是不善于调动生活积累，思路狭窄。教师要多写"下水文"，让学生在潜移默化中受到感悟、熏陶，感悟到写作的真谛。这样，通过不断地学练结合，才能逐渐培养学生的写作能力。

二、评课

（一）

评课的内容（评什么）

1. 教学观念

教师的教学思想是否端正，是否贯彻素质教育的要求。如，教师是否将自己定位于课堂教学的组织者和学生学习的引导者，让学生成为学习的主体等；教师是否关注学生，关注差异，关注精神等都体现了教师的教学观念。

2. 教与学的目标是否明确

课堂上到底要解决什么问题，教与学的目标分别是什么，授课前师生都要做到心中有数。在"知识与技能，过程与方法，情感、态度、价值观"这三维目标上是否达到了完美统一。

3. 课堂教学结构是否合理

课堂教学结构是否合理，主要是看课堂教学程序的展开是否符合学生认知的一般规律。如，课堂上需要讨论，什么时候讨论，讨论多长时间等都要根据实际情况来安排。要遵循认知规律。

4. 教学方法组合是否得当

有的教师采用一讲到底"满堂灌"的教法，虽然讲的津津乐道，但由于缺少学生的主体参与，因而也不是好课。教师要让学生真正参与课堂，应该采用"讨论式"的教学方法，让学生在师生互动过程中激活思维、发展智力。

5. 反馈——矫正的实施是否有效

主要看(1)教师收集学生学习成效的反馈信息的意识是否强烈；教师反馈学生学习情况是否及时。(2)矫正应尽量避免雷同，尽可能以不同的方式处理教材，从不同的方面、不同的角度，采用不同的教学方法和教学媒体，打不同的比喻，举不同的例子，教学同一知识内容。真正实现反思教学的实际意义。

6. 教学效果是否显著

看学生的学习积极性是否高涨；学生答问和练习的正确率怎样；师生的情感体验是否愉悦、欢畅。比如，有的教师作公开课时，为了追求气氛和效果搭一些中看不中用的花架子，组织学生进行没有实质意义的"伪参与"，这样的课绝不会有好的教学效果。

7. 重点是否突出，难点是否突破

主要看是否把握了知识规律和应用知识的规律的教学；是否遵循了同

化、顺应的规律；是否讲清了理解知识的关键点。

8. "两主"作用是否协调

课堂教学是一种双向交流或多向交流，要突出学生的主体作用和教师的主导作用。教师必须鼓励学生质疑问难。养成他们主动探求、积极质疑的习惯，不断提高他们提问的质量，逐渐掌握探索的方法。教师要驾驭好学生课堂提问，必须有充足的知识储备（"问渠哪得清如许，为有源头活水来"）、较强的课堂应变能力和不怕问倒的气魄。教师要善于创设民主平等，师生协作，生生合作的和谐的教学氛围。

9. 容量是否适中

主要看教与学是否有张有弛；知识呈现是否有密有疏。

10. 时量分配是否合理

主要看重点、难点的教学与教学高潮的呈现是否一致；各教学环节的时量与教学任务是否匹配；是否安排了充分的学生活动时间。

11. 教材的示范作用是否得到发挥

主要看是"用教材教"还是"教教材"。

12. 教学手段的运用是否适当

主要看在当时当地条件下，是否充分运用了能够运用的教学手段，效果是否尽可能最好。

13. 训练是否贯穿课堂教学的始终

主要看课堂教学是否始终在进行对学生的观察能力、表达（口头表达和书面表达）能力、操作能力、思维能力（核心）的训练。

14. 教师的基本功是否扎实

主要看教师的导入、讲解、课堂教学语言、提问、板书、变化、反应、反馈、演示、结束等教学技能是否得到充分发挥。一个教师自身素质和修养的高低，决定了其教学能力与教学水平的高低，这正如苏霍姆林斯基所说的："能力、志向才干的培养问题，没有教师的个性对学生个性的直接影响，是不能实际解决的。能力只能由能力来培养，志向只能由志向来培养，人才只能由人才来培养。"如语文教师，对教材要有自己独特的感受和领悟，有了自己独到的感受和领悟后，方能引导学生思考、揣摩、品味。

15. 课堂教学高潮是否形成

主要看课堂教学过程中是否呈现思维与活动的起伏。

(二) 评课的原则及方法（怎样评？）

1. 评课的原则

(1) 平等性原则

教研员要充分尊重授课教师的劳动，不论课讲的如何毕竟付出了劳动，在这一点上应给以肯定。遇到问题时要以探讨的口吻与授课教师交流。不要以指手画脚的态度、语言对待教师，更不要摆出"居高临下，盛气凌人"的架势。俗话说"智者千虑必有一失"，教研员的说法也不一定全对，因此，每个教研员都应做到虚怀若谷，平和坦诚，从善如流。善于创设一种民主、平等、和谐的评课氛围。

(2) 求实性原则

教研员在评课时，要恰如其分地做出评价，褒贬要得当，既不能过分褒，也不能明显地贬。要从实际出发，从该教师已有的水平出发，从学生的实际出发，不要不切实际地提过高要求。要优点看得准，问题提得准，解决问题的办法可行。

(3) 提高性原则

教研员听评课的目的就是要帮助教师提高教学水平，并始终以此为出发点和归宿，不要为评课而评课。每个教研员都应时刻不忘我们的"服务理念：服务教师，服务学校，服务教育"，要服务教师，就要甘当教师的勤务员。对教师的服务要恰切适度，富有成效。因此评课时要着眼于提高的原则有针对性地提出问题、提出改进的具体建议和方法，真正帮助教师提高教育教学水平。

(4) 激励性原则

俗话说："水不激不活，人不激不奋"。现代行为科学研究者认为：一个人在没有受到激励的情况下，其能力发挥仅为 20%—30%，如果受到正确而充分的激励，能力就可能发挥到80％，请将不如激将。那么，教研员在评课时也要激励教师积极探索教学规律，提高教学水平。要充分发掘优点、肯定优点，给教师以足够的信心和希望，调动教师研究教学的积极性主动性。千万不能把课说的一无是处。要看到教师的未来和发展。

2. 评课的方法

听课过程中就要做好评课的准备（必要时可做标记、记录或者打腹稿）

（1）回忆

评课前要回忆课的主要过程、典型环节（精彩之处或出现的问题）回忆以往自己对某问题的了解、认识。

（2）分析整理（积极思维）

①主要优点

形成理性认识（概括出几点），还要在课中体现，评课时要有理有据。

②不足之处及原因

不足之处一定要找准，要分析到位，令人心服口服。

③改进的具体意见

一定要从实际出发，切实可行，要因人而异，因课而异。因为每个教师的个性不同（长处、短处都不同），教学环境、教学条件各不相同，评课时也不能照搬照抄，千篇一律。就是相同的课也不能到哪个学校都做出同样的评价。

（三）评课时应注意的问题

1. 教研员不要轻易发表见解。

评课前要深思熟虑，因为教研员在教师眼里是很权威的，深思熟虑，不仅是对教师负责也是对教研员自己负责。如果教研员的发言总是不疼不痒，不深不透，浮皮潦草，应付差事，长此以往，威信何在呢？

2. 评课时一定不能照稿读，可以适当看提纲。

照稿读弊端有三：一是教师会认为你不是现场发挥，是事先准备好的评语，当然会认为你没水平；二是会影响你评课时语言的表现力和感染力；三是会影响教师对你建议的接受力。在正式开口评课之前要把自己要表达的内容在脑子里过一遍，表达时要做到：有逻辑性，语言流畅，语气肯定。

3. 要抓住重点评

评课时细枝末节要一带而过，不要从头评到尾，面面俱到，这样会令人产生听觉疲劳，产生厌烦之心。试想，在这种情绪状态中，多好的建议，再苦口婆心，谁又会听得进去呢？

4. 要一分为二地看问题

①要充分肯定优点，指出不足之处。再差的课也要找出几条优点。"欲抑先扬，接受批评顺理成章"，这是很实用的工作方法。

②要善于从好的教学设计中发现不足。

③要善于从问题中发现闪光点。

5. 要因人而异，有针对性

对不同层次的教师要求也不一样：对教学比较成熟的教师要高标准、严要求；对一般胜任的教师应指导他（她）在教改上下工夫；对刚毕业的教师只要教态自然、教学过程安排合理，没有知识上的错误就可以了，并且要多鼓励。对他们再高标准严要求就不合适了。

6. 概括与具体结合

评课时既要有理论高度，又要有实际例子。只谈具体问题得到的只是细枝末节；只谈理论认识，教师会觉得不解渴，在实际教学中还是无所适从，因此，既要谈课的具体内容又要结合课提高认识。

7. 要提出改进的具体建议

有的教研员评课时谈优点、谈不足讲的条条是道，可是就是不谈应该怎样改进，教师虽然知道了自己的不足，可是到底应该怎样做还是心中茫然。因此教研员评课时应该提出改进的具体建议。如果你想让教师佩服你的评课，你必须做到：优点看得准，问题提得准，解决问题的办法可行。

8. 评课时要注意场合

即在不同的时间、地点、面对不同的对象评语应有所不同。尤其在领导（校长、教务主任等）及同事面前，要多谈优点，谈缺点时就要把握分寸，要含蓄，点到为止，最好不提名姓或者说成是普遍存在的问题，只要本人领会就可以了，问题、不足尽量个别交流。因为每个人都有一份自尊，尤其在自己领导及同事面前，谁都想留下好的名声。留下自尊就是给以帮助，帮助别人就是帮助自己。这次你给她（他）留下了自尊，下次她（他）会还你一个支持，在教学、教研活动中全力的支持。相信大家在工作中会体会到的。

教研员要成为教师教研路上的朋友

新课程改革以来，教研员积极参与，深入教学一线解决实际问题，配合教育行政，履行"研究、指导、服务"的职能。作为一名与课改共同成长的教研员，我认为教研员工作最终要落实在服务一线教学，服务一线教师和学生，新时期教研员的工作职能已不再是单纯地研究学科教学，而是要求教研员成为基础教育课程建设与发展的推动者，成为教师成长的推动者和合作伙伴。

教研员工作中具有业务管理职能，但这与教育行政的管理职能不同。相对于教育行政对学校、教师、教学的全面、刚性、显性的管理方式，教研员对于学校、教师、教学的业务管理更多地表现为具有"服务"特征的柔性、隐性的管理。工作中要十分明确：教研机构不是教育行政机构，决不能依靠权利、文件、指示和指令的方式来实施业务管理过程。有效的业务管理方式更多的是建立在教研员的学识、德行、人格魅力以及与学校、教师长期合作中形成的彼此信任与友谊基础之上的。教研员的业务管理职能在实践中应表现出浓郁的人文关怀，在教研实践中要成为一名对教师教研教学工作有帮助的朋友。

在教研工作和业务管理中，如何才能帮助教师迎接新课程的挑战呢？在实际教研工作中要考虑以下几个方面：

1. 通过理论研究帮助教师理解课程

专职从事教研工作，不仅需要不断更新教育教学理念，还需要具备宽厚的教育教学理论基础，了解课程和学科发展的动态，了解教育、教学研究的发展历程与方向。这都需要教研员认真地读书学习，需要教研员在读书学习的基础上不断地进行思考，一边读书学习一边实践，一边研究一边读书学习，不断挖掘自身的研究潜能，增强文化底蕴，提升服务能力，出色地履行教研员的工作职能。

课程理论不是被动依附于实践，而是把实践作为反思和解读的文本；课程不是分门别类的"学校材料"，而是需要被理解和建构意义的"符号表征"。理解课程就是会意到每一类课程的独特存在，就是客观地承认各种课程及其实施的存在价值。数学课程与综合实践活动课程的实施方式与价值是不同的，对于学生发展所起的作用也是有很大差异的。前者对于培养学生的思维品质和思想方法具有重要作用，后者对于培养学生观察、活动、交往和实践的能力是独树一帜的。因此，理解课程的过程也是课程专家、师生彼此敞开心扉的过程，是师生、资源、环境共同作用的过程。这样，课程理解就是各方基于课程研究的基础上的实际行动。作为课程领导者的教研员，应该帮助教师在复杂的学校"场域"中理解课程及其所处的具体情境，理解课程作为政治的、历史的、美学的、制度的、自传的、性别的、国际的意义和价值，理解国家课程、地方课程和校本课程的具体内涵和价值，理解学校课程体系建构的必要性和适切性。教研员应该通过学习课程理论、明确课程与课程实施发展的方向和要求、新教材研修、以问题为课题的教育科研等多种方式，引导学科教师进一步确立课程意识，明确课程实施过程中的重大问题，真切把握课程的动态发展水平。

2. 帮助教研组提高课程规划的能力。

教研员工作的重点之一就是引领校本教研深入进行，而校本教研的重要内容就是加强教研组建设。教研员应该主动深入学校教研组，帮助教研组规划课程建设。教研组课程规划不仅仅是一个概念、一种观念，更是新课程背景下有效开展校本教研所必须采取的行动。帮助教研组制定发展规划的主要内容是制定学科课程方案，也就是进行课程设置、课程实施和课时安排。教研组课程规划需要对教研组全体教师实施的全部课程，包括国家课程、地方课程和校本课程，从提高课程适应性和资源整合出发，进行通盘的设计和安排。教研组课程规划的制订要求制订者有完整的、多维的课程概念，既要考虑课程目标的确定，课程结构的搭建，课程内容的挖掘，以及课程实施方案的设定，课程评价方案的跟进，课程管理组织机构、工作程序、改进机制的建立等，还要考虑教师专业发展以及教研组特色构建等内容。可以由学校教研组根据学校课程总方案制定教研组发展方案。教研组教师群策群力，贡献智慧，分享经验。教研员和大家一起对学科发展规划进行协商研讨式论证，再把它与其他教研组的规划论证做一个交流与对话，规划制订的过程，就是基于政策、基于学校、基于经验、基于研究、基于对话的过程。

3. 根据地方课程资源，开发地方性课程。

课程开发对于学校发展、教师专业成长和学生的教育意义是显而易见的。我们要做的是，尽可能摒弃课程开发过程中的"同质化"倾向，把课程理解成复杂的而不是简单的话题，使它呈现与课程实践深层次接轨的多元化发展道路。地方课程是宏观课程结构中的重要组成部分。各级教研室教研员应该整合和发掘本区域的课程资源，科学合理地开发地方课程。这些课程资源整合成网络资源或文本，由学校根据实际情况自主选择，进一步拓宽了学生的视野，提升了学生热爱家乡的情感，丰富了德育的内涵。

4. 与教师合作开发校本课程并做出合理的评价。

在社会建构主义看来，"学习就是知识的社会协商"，学习的过程也就是一种合作和交往的过程。教研员在工作中应该确立服务意识，应该把自己当成教师群体中的一员，扮演好教师群体中"平等中的首席"的角色，成为教师专业发展的知心朋友。校本课程开发作为国家课程开发的重要补充形式，是我国今后若干年内课程改革的重大课题。目前，校本课程在迎来难得的发展机遇的同时，也面临着许多问题。例如，学校和教师的课程意识与课程开发能力欠缺，教师和学生过分拘泥于统编教科书；部分学科专家把课程当成自己的"自留地"，轻视学校和教师的参与；课程专家的缺乏是短期内校本课程开发急需解决的问题；由于学校条件和教师水平的限制，校本课程可能降低质量标准；教师编制紧缺，由此增加学校和教师的压力负担，影响教师的工作积极性；由狭小的社区和单个学校所规划的课程有可能偏离国家教育方针等。诸如此类的问题，都是实施校本课程开发中必须认真加以解决的。

教研员要把帮助学校开发校本课程作为教研室的工作重点之一。各级教研员要认真学习有关的课程理论，逐步了解和掌握课程开发的基本原理和开发技巧，了解目前课程开发与实施过程中存在的问题，在这一基础上，深入学校第一线，与学校教师一起分析学校的历史和现状，分析教师和学生的需求，有效利用学校课程资源，科学合理地开发校本课程。同时，引导教师及时开展课程评价，建构合理的校本课程评价体系，使校本课程开发和实施的质量得到保证和逐步提高。

5. 帮助教师提升课程执行能力。

课程执行力，是一个国家在影响课程的各方面因素综合作用下保证课程政策目标实现的有效力，即各方面因素发挥同向的积极作用来保证课程改革目标实现的有效程度。其中，作为具有能动性和自主性的人的因素——课程执行者是保证课程执行力强弱的关键。阻碍课程执行的过程其实就是人的积极性和创造性被不断唤醒和激发的过程，是推进课程建设的民主化的过程。课程改革中，部分教师由于课程执行能力太弱，导致无法帮助学生转变学习方式，提高学习实效。在这种情况下，教研员要组织各种形式的教研活动，引导教师切实把握相关课程目标、课程内容、课程资源、课程评价等要素，抓住一些重点问题如课程统整、校本课程开发、综合实践活动课程建设、观课议课、学科中的研究性学习展开、教材的二次开发和利用、预设与生成的关系、试卷的编制等，有效引导教师开展区域性教研、校本教研和网络教研，激发教师开展课程实施研究的内驱力，及时发现和分析各类课程实施的情况，提高课程实施的水平。

6. 关注学科课程改革中的重大问题，及时导向深入的课程与教学研究。

课程改革是一个系统工程，它涉及政治、经济、社会的发展，涉及各方利益的调整，特别事关学校发展、教师专业成长和学生全面而有个性的健康发展问题。就学科课程发展来看，确实有许多重大的问题如自主发展的价值与机制问题，教师队伍的质量与结构性缺失问题，课程资源的利用、开发和配置问题等，需要我们去研究、去探索。教研员应该关心这些重大问题，并在课题研究的目标与基本方法、解决问题的具体策略等方面，动员和指导教师大胆地开展课程与课程实施的实践研究。要及时总结研究成果和教改经验，并把成果和经验转化为教学常规，变成教师的自觉行为。只有这样，才能通过教育科研提高教师业务素质，提高课程实施的质量和水平。

教研员的每一项工作的目的、出发点都是为了教师，离开了学校、离开了课堂、离开了教师的教研不是真正的教研。因此，教研员的专业要获得长足的发展，必须勤下基层、学校和课堂，与教师们打成一片，重视对实践过程的指导与交流，善于在教学一线指导与交流，经常与教师面对面地指导与交流。这些都是特别重要的"实践与交流"，也是提高教研工作效率和效果的重要途径。

有人说："教研室是出专家的地方，也是出庸才的单位；教研员是最能得到人尊重的职业，也是最易受人鄙夷的行当"。在课程改革的新时期，每个教研员都应该通过实践，尽力去帮助教师，帮助学校。成为教师教研路上的朋友，成为课程改革的助推者，赢得同行与朋友的尊重。

参考书目

《基础教育现代化教学基本功》中学数学卷 李建才 1997年 首都师范大学出版社
《学会学习》郑克进 海南出版社 2001年8月
《北京市普通高中新课程教学指导意见和模块学习要求》
《数学学习理论［M］》戴再平．上海教育出版社
《有效教学》崔允漷 华东师范大学出版社，2009年
《一位教育学教授的听课评课与教学断想》余文森 福建教育出版社，2011年
《高效学习——我所知道的理解性教学》（美）琳达·达林-哈蒙德等著，冯锐译 华东师范大学出版社，2010年

后 记

　　1992年我自首师大数学系毕业以来，一直从事高中数学的教学工作。工作中一直伴随着教学改革，要求教师更新观念，寻找适合新课程的教学方式和学习方式。教学改革的主要实施者是教师，需要教师工作中不断的积累、反思、比较、创新，推动教学改革的发展。回首自己的教学生涯，值得欣慰的是，自己不但在工作中孜孜以求，教学上一直怀有严谨和科学的态度，创造优良的教学成绩，还特别的注意教学反思和教学积累。将教学中体会好的经验和做法及时总结，丰富自己教学经验的同时，和教师、学生进行交流，在研讨中都能得到共同提高。尤其是多年后，更成为教研的第一手资料，心中着实对自己的教学工作有着小小的沾沾自喜。在本册的编写和校正过程中，心中更多的是惴惴不安，必定自己的能力有限，册子中介绍的教学方法与教研经验仅是个人的一点收获，仅是一家之言。然而作为一名教研工作者，能够将自己的想法与经验介绍给同仁，起到抛砖引玉的作用，给教师以启发，便是我最大的慰藉。

　　在本册的编写过程中，我深深地感到怀柔教科研中心领导的关怀与鼓励，衷心感谢高中教研室各位同仁的大力帮助，衷心感谢我区数学教师朋友们对我提出的各种建议和意见。"研无止境，修无止进"。希望我区数学教师在教研路上共同成长，共同打造我区数学摩天大厦。